たこ焼繁盛法

森久保 成正 著

たこ焼を“軸”にした人気店づくり

旭屋出版

目次

店頭にスペースがあれば、なお有利に商売できる。 53

たこ焼店のための売れる店内設計 61

たこ焼店の儲けるメニュー構成。 83

たこ焼の売れる味を追求する 91

たこ焼の技術……97

たこ焼店の販促・イベント繁盛法
夏の販促 170

たこ焼店の販促・イベント繁盛法
秋の販促 179

たこ焼店の販促・イベント繁盛法
冬前の販促 186

たこ焼店の販促・イベント繁盛法
年末の販促 195

「たこ焼の商売」は、甘く見て始めると必ず失敗する

毎年、１月、２月になると、「たこ焼屋を始めたい」という開業希望者が増えます。その開業希望者の多くは、初詣に神社や寺院に出かけたときに、参道に出ているたこ焼の屋台を見て、「たこ焼は儲かりそうだ」、「たこ焼は低資本で開業できそうでいい」、「たこ焼なら俺にもすぐできそうだ」と感じたのが、開業のきっかけになったようです。

確かに、縁日、祭りのとき、たこ焼の屋台は大人気です。子どもからお年寄りまで、幅広く売れますし、午前中でも午後でも、食事の時間以外にもよく売れます。１人で３パックも４パックも買う人も珍しくありません。「たこ焼は儲かりそうだ」と感じても不思議ではありません。

また、大阪では、一家に1台はたこ焼器があると言われるように、たこ焼は家庭で親しまれている料理です。今はホットプレートの台をたこ焼用に交換できるものもあるので、大阪でなくとも、たこ焼を作る家庭は、全国に広がっているでしょう。家庭でたこ焼を作ったことがある人なら、「たこ焼なら、俺にもすぐ作れる」と思うのも当然です。

しかし、たこ焼を焼けるというだけで開業した店が上手くいくほど、商売は甘くありません。たこ焼に限らず、気軽に始められそうな商売ほど、簡単につぶれてしまうのです。また、何年か修業しなくても誰もがすぐにできそうに思う商売ほど、実は、味や売り方へのこだわりが重要になります。そうしたプロの技を持った人のたこ焼店が勝ち抜けるのです。その意味で、開業前に実際の繁盛店で実地研修してから開業するのは、着実です。ところが、たこ焼店を軽く見て、開業前に実地研修に臨む人は少ないのです。

たこ焼で長く人気を呼ぶ、繁盛を続けるには、やはり、たこ焼という商品の特性をよく理解し、競合店に勝つ魅力、差別化する要素を備えた商売をすることです。

たこ焼は気軽な食べ物ですが、たこ焼を売る商売を気軽にできると考えて始めたのでは、すぐに続けられなくなります。

たこ焼商売の根幹

- ●たこ焼を焼けるだけでは、商売を続けられない。
- ●たこ焼で人気を呼ぶには、やはり差別化。
- ●たこ焼の商売は、簡単ではない。

「たこ焼の商売」には、独特の繁盛ノウハウがある

たこ焼の商売は、いわゆる飲食店の商売とは、厳密には違う点があります。

たこ焼は、主食ではないですが、それだけ食べて満足感はあります。おやつにもなり、小腹が空いたときに食べるものでもあります。また、お酒のつまみにもなります。さらに、たこ焼は、店で注文して食べるだけでなく、テイクアウトして食べるものでもあります。ちょっとした手土産、差し入れで喜ばれる食べ物でもあります。このように、たこ焼には、独特の商品特性があります。つまり、繁盛法にも、他の飲食店のノウハウとは別のノウハウが必要だということです。

しかも、たこ焼は、「たこ焼」の看板を出して、専門店として商売ができます。それだけ商品力があると言えます。専門店が成り立つ強さがあります。

その商品としての強さの特徴も、きちんと知った上で、その特徴を生かすように売らなくては、たこ焼で繁盛することはできません。

だから、他の飲食業の経験がある人でも、たこ焼の商売は簡単にはできないのです。たこ焼の商売には、立地選びや売り方などに独特の繁盛法があるのです。

たこ焼商売の根幹

●たこ焼には、他の飲食業とは違うノウハウが必要。

●たこ焼は、商品特性に個性がある。

●たこ焼には、たこ焼に合った繁盛法がある。

「たこ焼」の強みを充分に生かした商売をしよう

「たこ焼」には、前述したように、独特の繁盛ノウハウがあります。それは言い換えると、「たこ焼」という商品の強みを生かした商売のやり方です。

まず、たこ焼は、安いイメージのある商品だということです。これは、たいへん商売の強みになります。「たこ焼」と大きく書いた赤ちょうちんが店頭に下がっていれば、「たこ焼を売っている店」であることを通行客に明確にアピールするだけでなく、「安い店」、「気軽な店」であることもはっきりとアピールできます。

だから、この「たこ焼のイメージ」をより上手に、的確に活用したいのです。後でくわしく説明しますが、低コストで開業できるたこ焼の商売ですが、店頭の「顔」は適当に考えてはダメです。店頭づくりに手抜きをしてはいけません。

また、1坪でも「たこ焼の商売」はできます。テイクアウトで売れる商品だから、屋台のスペースで、たこ焼だけを売る商売が成り立ちます。

また、たこ焼は、屋台でなくても、客席がある店舗でも売れます。たこ焼をつまみに、かるく酒を飲めるスタイルもできます。客席を設けるときは、たこ焼の他に鉄板焼、お好み焼のメニューをそろえることがいいでしょう。

たこ焼は主食ではなく、小腹を満たす食べ物なので、おやつ、軽食が売れる立地を選ぶことも、たこ焼の強みを生かすことになります。反対に、昼食、夕食の時間はたこ焼だけでは売れにくくなるので、その時間はセットにしたりする発想が大切になります。

このように、たこ焼という商品の強みを生かすには、他の飲食店経営法とは違う視点が大切になります。以下、たこ焼の繁盛ノウハウを個別に説明していきます。

たこ焼商売の根幹

- たこ焼の「安い」イメージを活かす。
- テイクアウトで売れるのを強みにする。
- 昼食、夕食の時間帯以外によく売ろう。

たこ焼店の
繁盛キーワード①

テイクアウト

自転車

20時半～23時

赤ちょうちん

店頭のテント

立て看板

屋台

「たこ焼」繁盛法

立地

「たこ焼の商売」に適した立地とは。

立地

テイクアウトで売れる立地を狙え。

たとえ1坪、2坪の小規模でも、たこ焼店は売上を伸ばせます。テイクアウトの売上が望めるからです。だから、テイクアウトでの売上が望める立地を選びたいです。

まず、人通りのある商店街の中は、子供づれ、お年寄り、主婦が通るのでたこ焼店の立地として有望です。特にその商店街の端は、自転車が停めやすいので有利です。

たこ焼が焼けるまで多少待ってもらう場面がありますから、自転車を停めても隣から苦情がこない場所がいいです。日々、隣から苦情を受けるような商売をしていてはストレスがたまってしまいます。店の前の歩道が広くて自転車を停めても歩行者の妨げにならない物件はいいでしょう。

また、自転車にまたがったまま買える店構えにするのが、たこ焼の商売では有効です。

後でくわしく説明しますが、店の前の歩道に多少のスペースが許されるなら、店先にさりげなく丸イスとゴミ箱を置けば、お客は自発的に客席だと思って座って食べてくれる人もいます。その様子が、いい宣伝になるのです。

Point
持ち帰りできることを「テイクアウト」の文字ではっきり通行客に見せることは大切。

Point
テイクアウトのコーナーの前に自転車を停められるスペースがあると商売に有利。道路と段差がないほうがいい。

Point
屋台そのものを店頭に置いてテイクアウトコーナーに。可動式にして営業後は店内に収納できるようにするのもいい。

Point
テイクアウトコーナーには、ひさしがあるほうが人を引き付けやすい。

Point
「たこ焼」の文字を染め抜いたちょうちん、のれんは目立つ位置に。

Point
テイクアウトコーナーで、人が立って焼いているのが売れる基本。焼き場から離れる場面があるときは、お客が声をかけやすいように、入口ドアは開けておくのがいい。

立地

20時半〜23時に売れる立地も有効。

たこ焼は、18時〜20時までの夕食時間帯は売れにくいです。主食ではないからです。しかし、その20時半過ぎくらいから、また売れ始めます。受験生の夜食用にとか、酒を飲んだ後の小腹が空いたのを満たす需要です。

客席のあるたこ焼店は、お好み焼や鉄板焼メニューを充実させることで居酒屋利用も獲得できます。しかも、お好み焼・たこ焼の、いわゆる粉ものは、夜遅く食べても翌朝お腹にもたれません。ラーメンではもたれます。ですから、酒を飲んだ後の小腹がすいたときに、「ねぎ焼か、たこ焼ならちょうど良いかな」と、持ち帰り利用も充分に狙えます。だから、酒を飲んで帰る道すがらに寄れる立地、飲み屋街から駅に通じる道沿いもお好み焼店・たこ焼店にはいい立地です。

飲食店街に近いと、そこで働く人たちが店を閉めた後に寄ってもらうことも期待できます。なので、22時過ぎにかなり売るたこ焼店も、私の指導店ではよくあります。「たこ焼は昼の食べ物」という先入観で売っていると、商売の好機を逃がしてしまいます。

飲食店で働く人たちの食事の時間は遅いので、その人たちを狙える立地も、たこ焼の商売では、いい立地として探しましょう。

なお、夜遅くまで営業するなら必ず営業時間は守ることは鉄則です。「今日はヒマだから早く店じまい」したとき、たまたま来店したとしても、そのお客は、二度とその時間に来てくれません。

また、1日や2日の経験で、「この場所では夜遅くの営業は無理」と簡単に決め付けるのも禁物です。深夜の人通りがなくても、まわりに飲食店があれば、そこの従業員が寄ってくれるかも知れないのです。やることをやって、判断しましょう。

Point
点灯したときに遠くからも見える位置に「たこ焼」と染め抜いた赤ちょうちんを。

Point
テイクアウトコーナーのテントの存在を、夜でもわかるように照明の工夫を。

Point
立て看板は、照明が点滅するものは、より目立つ。遠くから見て隠れない場所に設置する。

テイクアウトコーナーにテントがあると、雨の日も傘を閉じて会計、受け取りができ、安心できる。

「たこ焼の商売」に適した立地選びのポイント

- 昼間の通行人が多い通り沿い。
- 住宅地に近く、子供連れ、お年寄りも通るところ。
- 「おやつ」、「間食」が売れやすいところ。
- 自転車が停めやすいところ。
- 店の営業が終わった後に利用してくれそうな飲食店がまわりにあるところ。
- 酒を飲んだ後に帰宅する人がよく通るところ。

外観

たこ焼店では、外観が最重要ポイントに。

外観

たこ焼の強みを生かすため、赤ちょうちんは必須。

たこ焼という商品の強みは、前述したように、「安い」というイメージがあることです。また、テイクアウトできるということです。ここを店頭でキチンとアピールできないと、たこ焼の強みを生かせません。

まず、大切なのは、ちょうちんです。赤や黄色のちょうちんに「たこ焼」と大きく書かれたちょうちんです。誰もが見慣れているちょうちんなので、遠くからも発見してもらえます。

変に差別化を意識して、ちょうちんの色を変えたり、文字の大きさを変えたりしたら、たこ焼の強みは半減です。白地のちょうちんで、小さく墨文字で「たこ焼」とあったら、まず、遠くから見ても、「ここにたこ焼店がある」ということを伝えられません。近くで見ても、「ちょっと高そうなたこ焼店だな」と感じさせてしまいます。

定番の赤いちょうちんに、大きく「たこ焼」の文字があるのが一番です。そして、夜はキチンと灯をともすのです。ちょうちんを飾りにしないで、キチンとサインにすることです。

店から離れたところから見て、ちょうちんが目立つか、よく見えない出し方をしていないか、チェックしましょう。

Point

たこ焼がメインであることひと目で伝えるために、赤ちょうちんとセットでのれんを。

Point

赤いちょうちんに、大きく「たこ焼」と書いたちょうちんがいい。ちょうちんで「おしゃれ感」を出そうとしないほうがいい。

Point
ちょうちんを利用して、祭りの演出をすることも、たこ焼店にはマッチする。

Point
「たこ焼」、「ねぎ焼」と書いたちょうちんを、入口の左右、上下に並べて、どちらの方向からも目立つようにしたい。

外観

立て看板を出す。それも、存在感のある出し方を。

たこ焼は、主食ではありません。小腹が空いたときに売れる商品です。だから、店の前を通ろうとしたとき、また、店の看板を見たとき、「そういえば、ちょっと小腹が空いたな」と感じてもらえる店であることが大事になります。

そうするには、普通に入口の上に看板を出すだけではダメなのです。そこで、重要になるのが立て看板です。店頭の歩道のところに出す立て看板です。商店街では、通路の邪魔にならないよう、立て看板を禁止しているところもありますが、規制のギリギリのところで、必ず出したいものです。

歩いている、自転車で通行しているお客が、「ちょっと邪魔」と感じるような位置が、たこ焼店の立て看板にはいいのです。看板を「ちょっと邪魔」と感じ、「何屋なんだ？」

Point

通行する人の邪魔にならない程度に、存在感のある立て看板の出し方をして「たこ焼」をアピールする。

Point

立て看板をすぐ移動できる状況(店頭の掃除中など)では、より目立つ場所に立て看板を置いて、店の存在感を高めるのも工夫。

と意識して立て看板を見てもらい、「たこ焼」の文字を見てもらうことで、「そういえば、ちょうど小腹が空いたな」という意識を喚起させられるのです。

外観

たこ焼店は、店頭のテント、店頭の屋台が集客のコツに。

たこ焼はテイクアウトで売れることが強みです。テイクアウトで稼げるので、1坪でも商売ができます。

また、たこ焼店は単価の低い商売なので、ローコストに開業することが大切ですが、ケチッてはダメなところもあります。一つは店頭のテントや店構えです。そして、店内に客席を設ける店ならクーラーも大事です（このことについては、P.68の「設計・レイアウト」のと

Point

店頭のテントが大きく、その下にテイクアウトコーナーがあると、自転車にまたがったまま買い物ができる。この「気軽さ」はたこ焼が売れるポイントに。

Point

店内にテイクアウトコーナーを設置するときも、「屋台風」のコーナーにしたり、演出をするのが、たこ焼店らしさを強調できる。

ころで説明します）。つまり、どちらも、お客を呼ぶために必要なところは省いてはダメだということです。

「持ち帰りできます」と貼り紙するより、店頭に「目立つテント」を作ったり、店頭に屋台の演出をするほうが、何倍も売れます。

店頭のおしゃれなテント、きれいなテントを作るのは看板のプロは得意です。でも、大事なのは、たこ焼が売れるテントにすることです。売りたいたこ焼を的確にアピールできるテント、お客の目を引きつけて「買いたい」「店に入りたい」と思わせる店頭のテントは、看板屋の目線ではなく飲食商売のプロの視点で作らないとできません。店頭に下げるちょうちん、のぼりの文字、書体ひとつでも、おしゃれさよりも庶民のたこ焼店らしい魅力を大切にしたほうがだんぜん売れます。

外観

店頭の屋台でたこ焼店を強くアピール。

「たこ焼」と大きく書いた赤ちょうちん以上に誘客力があり、赤ちょうちんとセットで活用したいのが、屋台です。店頭に屋台を出し、そこでたこ焼を焼けば、より売りやすくなります。

入口の外がすぐ歩道で屋台を出せない、出すスペースがないという場合でも、屋台にキャスターを付けて可動式にし、営業時間中だけ、少しだけ店の前に出す、という屋台の出し方もあります。ちょっとだけ店先に屋台が出ているだけで、その屋台のひさしの下にお客を引き付けます。屋台があると、そのひさしの下に入ってのぞきたくなるのは、条件反射です。

前項の立て看板のところでも説明しましたが、屋台を店の前に少し出すと、前を通る人

Point
キャスター付の可動式屋台を営業中は歩道に近いほうに出す。

Point
店頭のスペースを利用して屋台を設置。屋台を置けるスペースがある物件を探す、という視点も大事。

Point

屋台は、にぎやかな場所に出すときは、ひさしは、上向きにしたほうが目立つ。店内に屋台を設置するとき(P38参照)は、ひさしは下向きに。

Point

ステンレスの組み立て式の屋台は便利だが、ステンレスは冷たい感じがするので、メニューを貼ったり装飾をして、ステンレス部分を目立たなくしたほうがいい。

Point

屋台の側面で、メニュー情報をアピール。

たこ焼が焼けるのを待ちながら、また、店に入らなくても「他にどんなメニューがあるか」を伝える格好の場所。

の〝邪魔〟になります。それが、「そういえば小腹が空いた」ということを思い出させてくれるのです。

ただ、店頭に屋台を出せばいいのではなく、有効な出し方があります。その、店頭に屋台を出す場合のポイントをいくつか説明します。

①屋台は木製のほうがいい。

販売している屋台は、木製のものとステンレス製のものがあります。見て温かみがあるという点で、木製のほうが飲食店には向いています。ただ、ステンレス製は組み立て式で軽トラックにのせて活用することもできます。そういう活用法もしたいなら、ステンレス製の屋台がいいですが、店頭で使う場合はメニュー案内などの貼りものをして、ステンレスの冷たい感じが出ないように工夫したほうがいいでしょう。

②屋台を出すなら、人も立つこと。

屋台が店頭にあり、そこで焼いている様子が見えると、通行人を引き付けるだけでなく、気軽に買いやすくなります。

ポイントは、屋台のところに人が立っていることです。そこに人が立っているから、お客は「一つちょうだい」と声をかけやすいのです。お客は、屋台のところに誰もいない場合、店の中に入って声をかけなくてはなりません。この、ひと動作、ひと声がお客には、大きな抵抗になるのです。お客からひと声かけることは、たいへん勇気がいることだと意識したいものです。

ですから、たこ焼が売れやすい、午後2時～6時、午後8時～11時の間は、屋台のところに人が立って焼くことです。

屋台のところに人が立てない場合のことも考えて、屋台の横の入口のドアは開けっぱなしにすることも工夫です。入口が開いていることで、店に入る、店の中をのぞくという抵抗がやわらぐのです。

③屋台のひさしの向きは下向きか上向きか。

屋台には、ひさしが重要です。ひさしがあるから、人は条件反射で、そのひさしの下に入ろうとします。ひさしがない、のっぺりした箱では、不思議なものでお客は寄って来にくいのです。

Point

一般的な屋台のひさしは、下向き。テントのところに「たこ焼」と書いたちょうちんを下げるのが、やはり目立つ。ひさしがあると、その下で焼き上がるのを待ちやすくもなる。

Point

にぎやかな商店街など、まわりの店がのぼりを出したりしている中で屋台を店先に出す場合は、屋台のひさしは「上向き」のほうが、目につきやすく、屋台の存在感を高めることができる。

Point

この写真の店のように、店の前の歩道と建物に段差があると可動式の屋台を店頭に出せない。しかし、まるで屋台があるようなデザインを外観にほどこした。仮想屋台というか、ダミーの屋台で、これによって「気軽に店外から買いやすい雰囲気」をアピールする。

屋台のひさしは、通常は下向きです。家屋の屋根のような造りが一般的です。こういう一般的な下向きのひさしは、見晴らしのいい道に面した店ではいいですが、商店街の中のような、まわりにのぼりを出す店が多かったり、また、同じように屋台を出す店が多い通りでは、下向きのひさしは目立ちません。

にぎやかな立地で店頭に屋台を出すときは、屋台のひさしは上向きにします。こうすることで、屋台が目立ちます。お祭り、縁日に出る屋台を、この視点から見てください。お祭りに出るいろいろな屋台のひさしは、上向きです。ひさしが下向きの屋台があれば、探してみてください。その屋台が目立たないことも実感できると思います。

④仮想屋台という店頭づくりも威力に。

可動式の屋台を置いて、営業中は店頭に少し出すのは、集客力を発揮します。しかし、店の建物と前の道に段差があると、屋台は出せません。

店の前の通路と店の入口に段差があるという物件は、多いものです。こういう入口に段差がある場合でも、屋台の集客力は利用したいのです。

つまり、入口の横に屋台風の造りを設けるのです。これを私は仮想屋台と呼んでいます。

屋台のような造りがあり、そこに窓を付けて店内を見れるようにします。ひさしも作ります。ひさしの下にお客が立ったら、すぐに「中へどうぞ」と案内するのです。仮想屋台でも、その近くにスタッフが常にいて、お客が「すいませ～ん」と声をかける前に反応をすることが売れるポイントです。

店に入りやすいよう、入口ドアを開けておくのはいいでしょう。そして、店内にお客を案内したら、そこにも屋台風の作りがあるというのがいいです。店内に入ってもらっても、屋台の前でたこ焼を買ってもらうというスタイルが、安心と気軽な店である印象を固めるのです。仮想屋台に引き付けられて来店してくれたお客を、店内でも同じような雰囲気で迎えるほうがいいのです。店内に入った時のギャップがあると、「また来よう」という気持ちが薄らぎます。

たこ焼店でのお客を呼ぶ外観のポイント

- 赤ちょうちんが遠くからでも目立つ外観。
- たこ焼を売っていることがひと目でわかる外観。
- 店の前を通る人に立て看板で「主張」する外観。
- 店頭にテントがある外観。
- 店頭に屋台が出ている外観。
- 焼いている様子を店の前から間近に見せられる造り。
- 店の外から気軽に注文できる造り。
- 自転車に乗ったままテイクアウトの注文ができる造り。

たこ焼店の繁盛キーワード②

- 店頭の丸イス
- 店頭のワイン樽
- パラソル
- 客席
- カウンター席
- クーラー
- 店内のテイクアウトコーナー
- たこ焼店のための厨房
- ローコスト内装

「たこ焼」繁盛法

店頭

店頭にスペースがあれば、なお有利に商売できる。

店頭

店頭に丸イス2つ置くだけでも、威力に。

店頭に、営業中は可動式の屋台をせり出させるのに加え、そのせり出させた屋台の横に丸イスを2個でも置ければ、たこ焼はより売れます。そこに座って食べられるからです。たこ焼は持って帰ることも、もちろんできますが、その場で食べたい人もいるのです。たとえば、2世帯住宅に住んでいる人は、たこ焼を買うとき、1パックだけ買うのに気が引けることもあります。家にいる家族の分まで買わないといけないかなぁ…と思うからです。2パック買えばいいことですが、毎回だと負担に感じるのです。それが、丸イスが横にあれば、迷わず1パック買ってそこで食べればいいのです。

たこ焼は非常に気軽な食べ物なので、ちょっとした心理的な負担は感じない売り方の配慮が大切です。こんなちょっとしたことに気を配れるかどうかが、たこ焼では勝敗を決めます。

Point

店の前のスペースにベンチを置いた例。このベンチで食べていくお客が掴める。また、ベンチがあると、この前に自転車を停める人がいなくなる。

Point

ビルの1階の歩道との間のスペースを生かして、そこに折り畳みのイスとテーブルを置いた例。「外のほうが気軽でいい」というお客の利用から店内利用につながる。

店頭

店頭にワイン樽を置くのも、威力に。

丸イスを置くスペースがあるなら、その代わりにワイン樽を置くのもいいでしょう。これは、私が指導した店の実例ですが、ワイン樽を置くことで、そこで立って食べてくれ、ビールや飲み物も注文してくれるのです。立ち飲みのバル、バールという飲食業態が人気を呼んでいるおかげで、ワイン樽を置くと、それは飾りではなく、テーブルの代わりに使ってもらえるのです。

ちょっとスペースがあると、植木鉢を置いたりする店がありますが、たこ焼店は、おしゃれにすることより、庶民的にしたほうがいいです。植木鉢より、ビールケースを積んで、その上に板を置いてテーブルとして使えるようにしたほうが、そこで食べてくれます。

Point
ワイン樽は、「酒を飲める店」をアピールしながら、樽をテーブルにして食べ、飲める雰囲気を出せる。

Point
店頭にゴミ箱を置くと、「ここで食べられる」という印象をアピールできる。

Point

「ちょっと休憩できる」ようなスペースにイスを置いて、ここで食べてもらうようにするのもいい。店のスペースであることを明確にするのに、ここにも「ちょうちん」を下げることがは有効。

Point

イスと一緒にパラソルを置くと、より「ここで食べてもらう」ことを誘発できる。

Point

ワイン樽の飾りを置くことで、立って食べるスペースにも利用してもらえる。

店頭

小テーブルが置けるなら、パラソルも、ぜひ。

小さなテーブルと丸イスを置けるなら、なお、そこで食べてもらえます。テーブルを置けるなら、パラソルも付けたいものです。パラソルがあるのと、たこ焼には有利なのです。パラソルがあると、その下に座ると、落ち着きます。なので、そこで落ち着いて焼けるまで待ってもらえるのです。

焼き立てを売りたいたこ焼は、焼き上がるまで待ってもらわないといけない場面も多いです。待つ時間は、立っていると長く感じます。座って待てば、そんなに苦痛ではありません。さらに、パラソルの下で待てば、心穏やかに待ってもらいやすいです。そんな効果が店頭のパラソルにはあるので、スペースがあれば、活用したいです。

たこ焼店のお客を呼ぶ店頭のポイント

- テイクアウトコーナーの横に丸イスが置けること。
- ビールケースを置き、その上にクッションを置いて着席できることをアピールする。
- 店頭のワイン樽の飾りが、立ち飲みスペースにもなる。
- 店頭にパラソルを置けて、その下にイスも用意する。

「たこ焼」繁盛法

店内設計

たこ焼店のための売れる店内設計

店内設計

たこ焼店も、客席があると商売が広がる。

たこ焼を屋台の商品と思っている人が、まだ多くいます。しかし、私はお好み焼店も、たこ焼を売ったほうがいいと考えますし、たこ焼店もお好み焼を売ったほうが商売が有利だと考えます。

お好み焼店は、たこ焼・いか焼を出すことで、持ち帰り利用が期待できます。入口に「たこ焼」と書いたちょうちんが下がっていると気軽な店であることを強くアピールできます。いか焼は2〜3分で焼けるスピード商品です。お客を待たせないで「焼きたて」を売れる威力があります。混雑している時に「いか焼なら、すぐにお出しできます。いかがですか?」とセールスできます。いか焼はビールに合うバリエーションも作りやすく、プレーンなら1枚150円で売れます。「いか焼1枚150円」という値札は、お客の目を引くはずです。

1坪のたこ焼店のレイアウト例

1坪でテイクアウト専門たこ焼店は作れる。これは、たこ焼だけでなく、焼そばなども売るように鉄板も設置した例。鉄板調理を考えた、シンクの位置、仕込み調理の位置に。また、たこ焼器の下にも冷蔵庫を設け、そこによく使う生地やタコを入れて作業がはかどるようにしている。

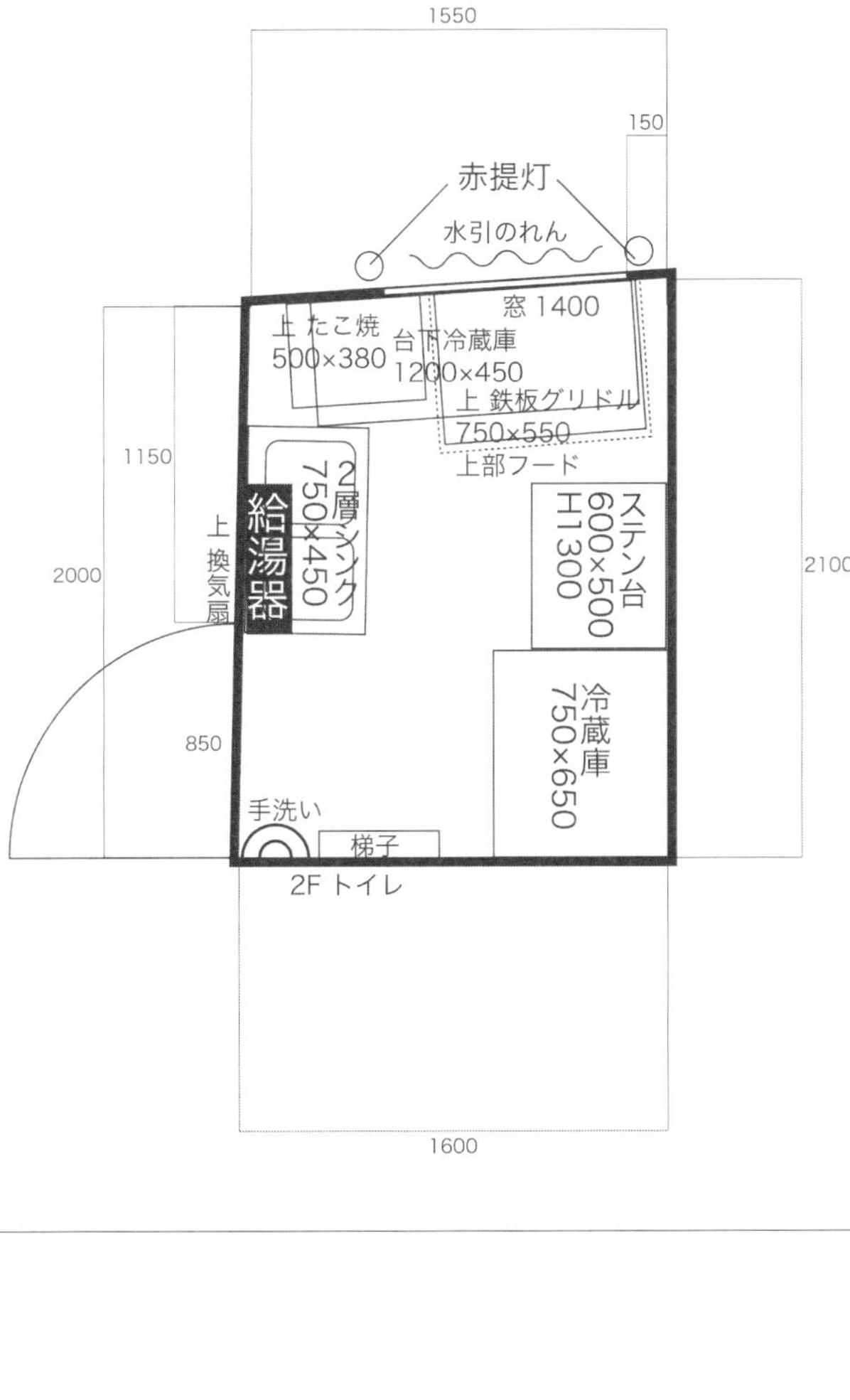

その意味で、たこ焼店でも、客席を設けた店にするほうがいいでしょう。客席があることで、いろいろ売り方やメニューを展開することができます。

7坪のたこ焼店のレイアウト例

店内は7坪だが、店頭のスペースを利用して屋台を置いた例。家族客を狙える立地なので、カウンター席の他、奥に小上がりの席も設けた。小上がりなので、小さい子供づれも安心できる。カウンターの両端から出入りができるようにして、カウンター内で調理しながら小上がり席の接客もできるようにした。

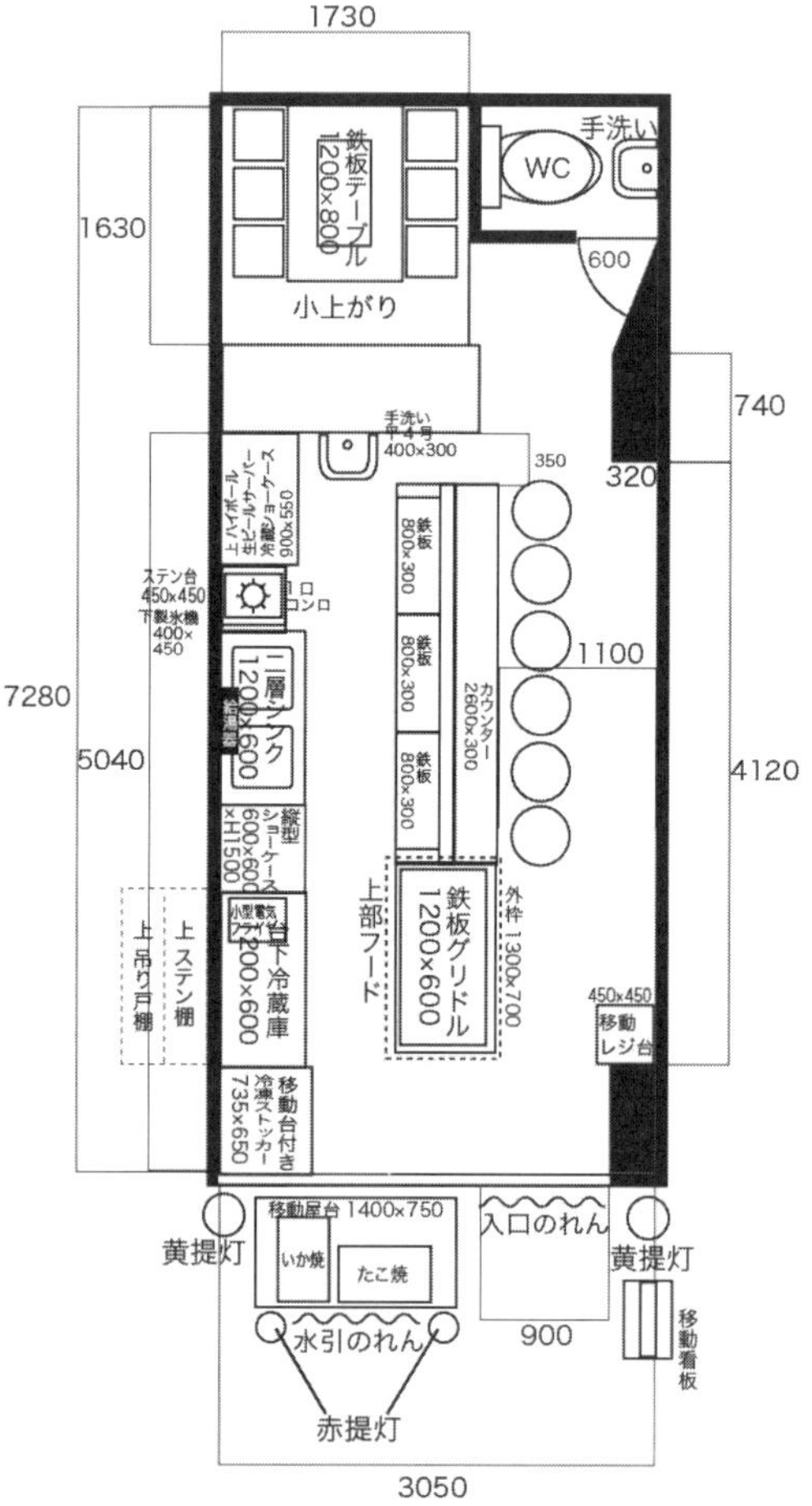

10坪のたこ焼店のレイアウト例

入口横に出窓風に張り出させたテイクアウトコーナーを。その横に調理用のメインの鉄板も。テイクアウトコーナーの前にお客が立つところに常に店の誰かがいるようになっている。たこ焼器の横にレジも置き、暇な時間帯は1人でも対応できるようにした。

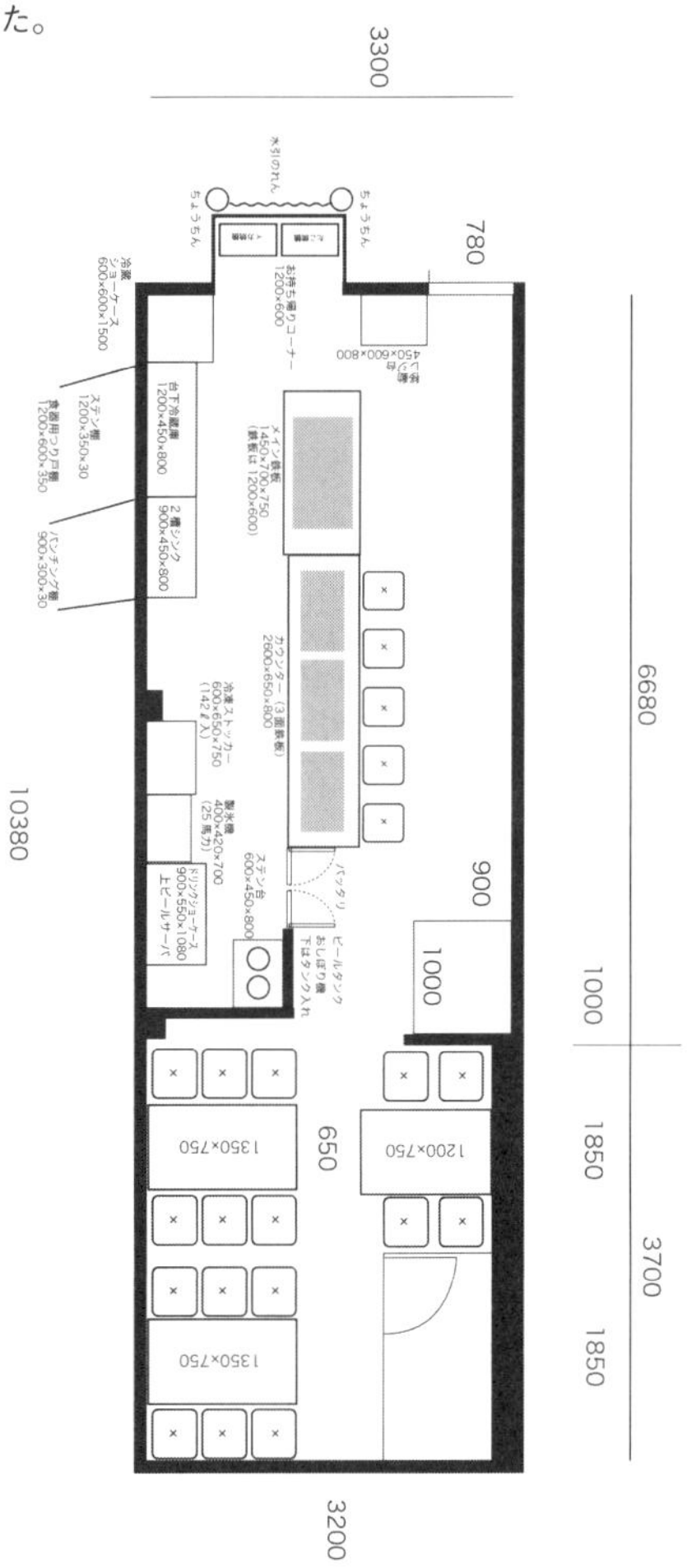

15坪のたこ焼店のレイアウト例

家族連れが多い立地なので、テーブル席は間仕切りで区切り、ボックスシートにした。入口正面にはカウンター席を設け、外からのぞいて、1人でも気軽に入れる店であることもアピール。

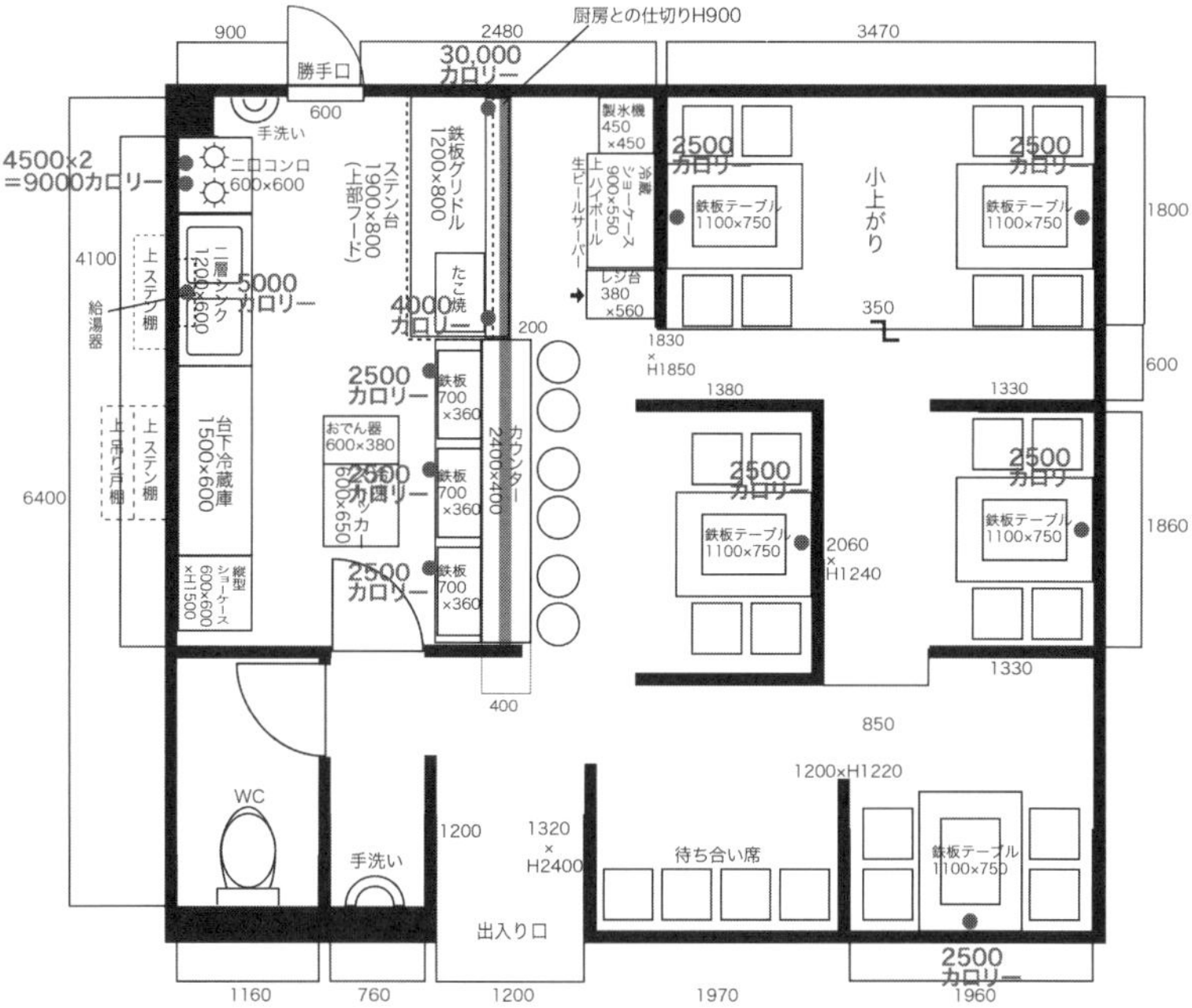

26坪のたこ焼店のレイアウト例

コの字型のカウンター席、4人掛けテーブル、6人掛けテーブルの多彩な客席構成に。店が広くなると、気軽に入れるイメージや1人で入りやすいイメージが薄れる弱点があるが、その点は、入口横にワイン樽テーブルを2個とイスを置き、立ち飲み的な雰囲気を出し、気軽に利用できる店であることをアピールする。

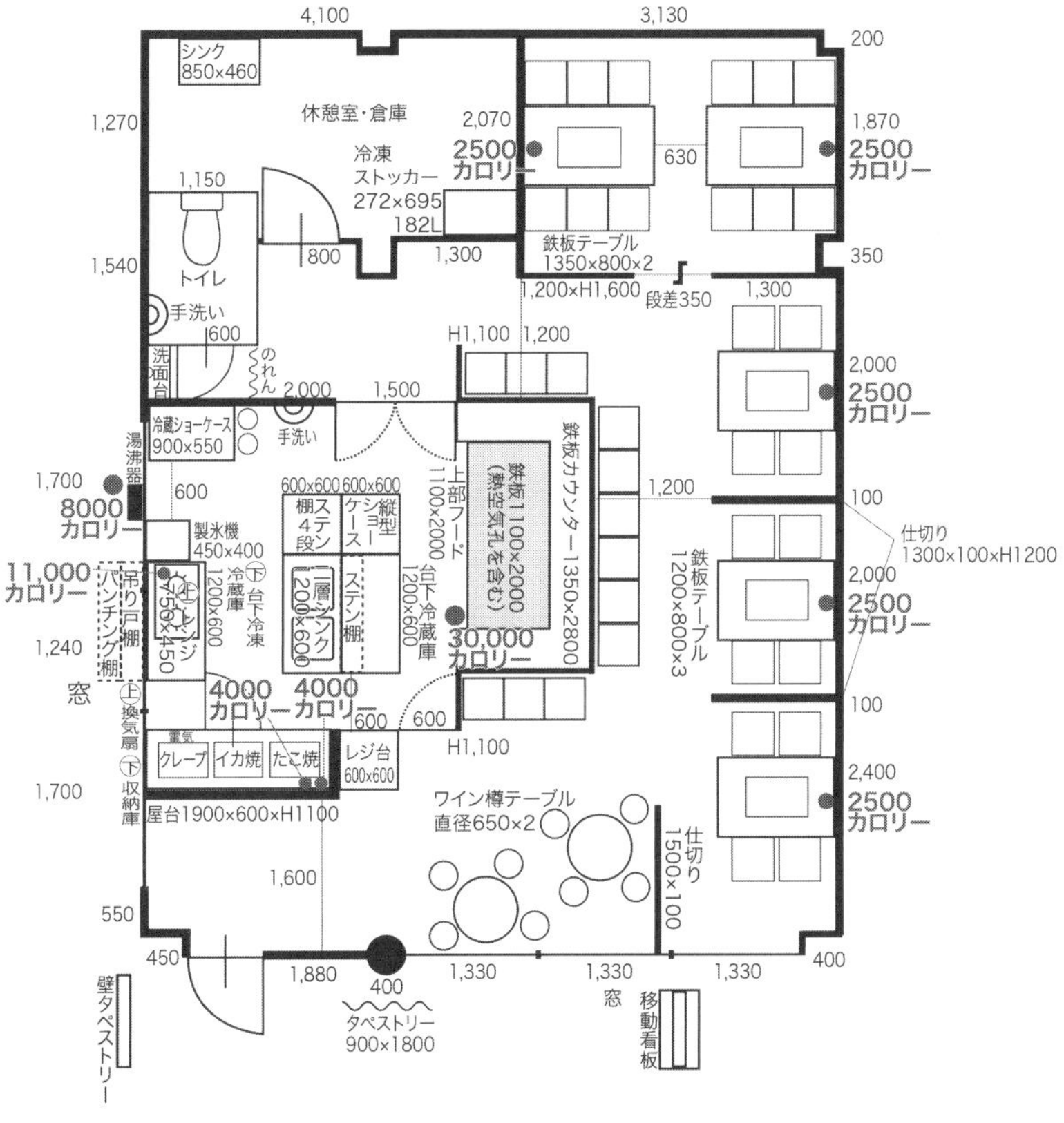

店内設計

客席を設けるなら、クーラーの馬力は充分なもので。

たこ焼店は、開業する物件は居抜きで充分です。潰れた飲食店の後で開業するのはイヤだと言う人はいるでしょう。でも、そこにこだわって新築の物件を選んで手持ち資金の使い方に無理が生じて失敗するケースが多いのも事実です。新築の物件にこだわるより、客席を設けるなら、本当はクーラーの能力のほうがたこ焼店は重要です。

たこ焼の他、お好み焼や鉄板焼を鉄板の上で食べてもらうことを想定すると、「この店舗の広さなら、このくらいの馬力のクーラー」という基準より1.5倍の馬力のものを設置したいです。調理に鉄板を使い、鉄板の上で保温しながら食べるので店内がより暑くなるからなのですが、「お好み焼を食べる店の店内は暑いのは仕方がない」と思っていたら、お客は増やせません。「あの店、暑いからイヤだわ」というクチコミは実に早く広まります。

ネットの飲食店紹介サイトの書き込みにも書かれ、ずっと残ります。ついでに言うなら、鉄板の調理だから店の床が油っぽくなるのは仕方がないと思っていたら、客足は遠のくばかりです。

新築物件を選んだ代りにクーラー費用を節約するくらいなら、居抜き物件を選んで馬力のあるクーラーを設置したほうが成功します。

もし、開業時に充分なクーラーを設置する費用の余裕がないなら、クーラーが必要でない10月、11月に開業し、クーラーが必要になる5月前までに資金を貯めて馬力のあるクーラーを設置したほうが得策です。

店内設計

店内のテイクアウトコーナーも屋台風にデザインする。

40ページで、店頭に可動式の屋台を出せるようにすることの威力を紹介しました。入口と店の前の通路に段差があって、屋台を出せない場合でも「仮想屋台」というデコレーションを設ける工夫も紹介しました。

それくらい、たこ焼を売る商売では、「屋台」の演出、「屋台」で売る売り方は有効なのです。「屋台」の演出があるから、初めての店でも安心して入ってきてくれるし、何度も通ってくれるのです。

ですから、前にも解説しましたが、店内にテイクアウトコーナーを設けなくてはならない場合でも、そのテイクアウトコーナーは「屋台風」にすることです。屋台で買っているように感じさせる演出です。

Point

店外から買える屋台風のテイクアウトコーナーが作れない場合でも、店内で焼く場所を入口正面に設けたり、焼き場を屋台風のデザインにすることで、持ち帰り利用をアピールできる。

Point

焼き台の近くにレジ台を設けると、焼きながら会計もできし、おつりでお客を待たせる時間も省ける。テイクアウトの売上を伸ばすには、なるべく「待たせない」ことが大事。また、人手を省く設計にしておくのも、単価の低いたこ焼店では重要。

店内設計

客席を設けるなら、メニュー構成を考えた調理場設計に。

たこ焼店も、席を設けて営業するなら、後々のメニュー構成を視野に入れた客席にするべきです。

大阪でも現在は、お好み焼店は、店の人が焼いて提供するスタイルが主流です。客席に鉄板が設置してあっても、それは店の人が焼いたものを保温しながら食べるための鉄板です。お客が席で焼くのは回転が悪くなるし、お客の焼き方が悪くても、「この店は旨くない」とされてしまうマイナス点があります。

店の人が鉄板で調理するのですが、よくあるのが、開業した後にメニューを増やし、それに合わせて設備を追加したり工事をしなければならないケースです。店舗設計を頼むこと、メニュー構成を決めることを別々に考えるから、後で修正が必要になるのです。設備の追加も工事も、最初にするより余分な費用がかかるものです。工事中の休業も大きな無駄です。無駄を無くすために、店舗設計を考えるときに、お好み焼・たこ焼・いか焼・鉄板焼のメニュー構成を同時に考えたいです。店舗設計とメニュー計画を同時に考えれば、オープンすぐはメニュー数を絞って営業しても、後々どう増やすかの計画を立て、それを反映した設計にできます。

店内設計

お好み焼、鉄板焼の厨房設計は、他の飲食店とは別。

お好み焼を売る場合は、鉄板の焼き台が全ての調理の中心になります。鉄板の上ではコテだけで調理します。包丁で切る作業は仕込みの段階で済ませます。ですから、包丁を使う場所は鉄板の近くでなくてもいいです。火元である鉄板の前に立っていて、振り向いたら豚肉やイカが出せる冷蔵庫があることは大切です。このように、他の飲食店とは大きく違います。

「うちは、飲食店はこれまで何店も作っているから任せなさい」という設計会社でも、普通の飲食店のように設計してしまう例があります。お好み焼店という商売と仕事の内容を知っているプロに設計を頼みなさいと私が力説するのはそのためです。

しかも、小規模のたこ焼店では、ヒマな時間帯は1人で営業ができるよう、レジの位置、テイクアウトコーナーの位置を考えなくては儲けを出していけません。普通の飲食店のレジの位置、常識的なテイクアウトコーナーの位置ではダメなのです。たこ焼を焼く作業をしながら、鉄板の調理をしながらでも、レジにすぐ移動でき、鉄板の作業をしながらテイクアウトの注文を受けられる店舗レイアウトが、売れる設計です。

店内設計

たこ焼店は、上手にローコスト内装に。

たこ焼は単価の低い商売です。ですから、内装・設備をローコストにあげることが非常に大事です。かといって、貧相な、チープな造りでは、現代のお客は何度も通ってはくれません。

ローコストに店づくりをする第1のポイントは、既製品のテーブル、既製品のカウンター、既製品の棚など、既製品に合わせレイアウトするこでです。既製品の中にもいろいろあります。テーブルも上板の角が丸く削ってあると高くなります。上板の側面に別の板が貼ってあっても高くなります。鉄板も、淵がプレスして打ち出してあるのは高くなります。既製品でも値段の差があることをわかって選んでください。

既製品の寸法では合わないからと特注でカウンターを作ると何割も高くつきます。その

Point
既製品の鉄板付きカウンターテーブルに、背もたれなしの既製品のイスを合わせた例。イス4つでは少し窮屈そうだが、両側に間仕切りを付けることで個室風に利用できるので、パパ、ママと子供2人の家族客によく利用してもらえる。

余分な初期投資を1皿400円、500円のたこ焼焼を売って回収するのはどれだけ大変かということです。なんとか既製品に合わせて工夫するのも、たこ焼商売のことをわかっている設計士です。だから、たこ焼店やお好み焼店の商売のことをわかっているプロに設計を頼んだほうが得だと言うのです。

店内設計

現代人を集客するには、カウンター席は有効。

お好み焼を売るなら、鉄板を組み込んだ鉄板付きテーブルがあります。鉄板焼付きテーブルは4人掛けが中心です。そこに2人で座られたら効率が良くありません。いまのお客は相席をいやがります。でも、2人掛け鉄板テーブルは割高です。それを補うのがカウン

Point

店内で調理するメインの鉄板のまわりをカウンター席にした例。カウンター席があることをアピールすると、1人客の利用を誘える。

ター席です。お好み焼店でもカウンター席があれば有効です。カウンター席があると気軽な店をいっそうアピールできます。気軽な店のイメージがあったほうが、テイクアウトだけで寄るお客を増やせます。

カウンター席は、1列のものも他、コの字型にし、カウンターの中に調理設備を配置する例もあります。オープンキッチンで活気が出て、女性の1人客でも入りやすい雰囲気を演出できます。

家族連れが望める立地では、テーブル席の他、座敷席もあると喜ばれます。父さん、母さんは鉄板焼でビールやサワーを楽しみ、隣で子供達がたこ焼、お好み焼を味わい、一緒におじいちゃんがねぎ焼を楽しみ、最後は皆で焼そば、そばめしをつついて全員が大満足で帰れるのが、たこ焼、お好み焼を売る店の特徴です。3世代が一つのテーブルを囲んで楽しめる業種です。ですから、小上がり席も大切です。10坪の店でも工夫して小上がり席を作れます。テーブル席も、地方都市では家族客を考慮して背もたれを高くしてボックス席風にして他の客席が気にならないようにする配慮も大切です。ですから、20坪あるなら、カウンター席も作り、テーブル席のほかに小上がり席も作るように私は提案します。

たこ焼店のお客を呼ぶ店内設計のポイント

- 店内で食べられるたこ焼店は、いろいろ展開できる。
- 客席を設けたら、接客サービスがより大切になる。
- たこ焼店の店内に大切なのは、おしゃれさよりもクーラー。
- 店内にも「屋台」のデザインは活かしたい
- 鉄板焼を売り物にするなら、そのための厨房機器の配置と設計を。
- たこ焼店は客単価が低いから、店舗設計は、ローコストが大事。
- カウンターのみのたこ焼店は、ますます有望になる。

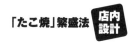

たこ焼店の繁盛キーワード③

昼食用セット

夕食用セット

待ち時間用メニュー

待ち席

ロスゼロ

味付けにこだわる

鉄板焼の応用力

メニュー構成

たこ焼店の儲けるメニュー構成。

メニュー構成

売れにくい時間をフォローするメニューも。

たこ焼は、それをメインにした専門店が成り立つ商品ですが、たこ焼だけ単品で商売するのは、不利な点があります。それは、たこ焼は主食ではないからです。たこ焼は、いわゆるランチタイム、そして、午後6時～8時の夕食時間帯は売れにくいのは、主食ではないからです。

ですから、たこ焼の商売を成功させるには、たこ焼をメインにしながら、たこ焼をフォローする商品を用意することが重要になります。

まず、昼食時間、夕食時間の、たこ焼が売れにくい時間をフォローする商品として、焼そばがあります。たこ焼と焼そばをセットしたメニューを売ることで「主食」にするのもいいでしょう。

学生が多い立地なら、たい焼など、甘いものをセットにして売るのもいいでしょう。たい焼は、たこ焼同様に屋台でも売られる商品なので、たこ焼と一緒に売るのにイメージはいいです。

メニュー構成

焼けるのを待つ時間をフォローするメニューを。

たこ焼は、店頭や客席で食べてもらうだけでなく、テイクアウトで売れる商品なので、冷めてもおいしいものにすることが大切です。このことは次項の「味」についての解説のところでくわしく説明します。ただ、冷めてもおいしいことが大切ですが、冷めたものを売ってはダメです。焼き立てを、たこ焼き器から皿にのせるところを見せて売ることが大事です。事前にパックをして、ホットボックスの中に並べて売るのは、ピークタイムだけ通用します。

そう考えると、たこ焼は焼き置きしないで、注文を受けてから焼き上がるまでの時間をフォローするメニューも大切になります。現代人の好む、中がとろりとして、外がカリッとした私の提唱するたこ焼を焼くのに8分かかります。これから焼く場合、「8分かかりますが、よろしいですか」と断わりを入れます。このとき、「8分もかかるの!」と、驚くお客は多いです。ですから、前項で説明したように、店頭に丸イスがあったり、テーブルがあれば、待つ時間の抵抗をやわらげられていいのです。

待ちたくないお客もいるので、そういう場合のため、「ねぎ焼、洋食焼なら、すぐに焼けますが」と提案できるといいのです。店内で食べてもらえる店なら、たこ焼とねぎ焼のセットを用意し、先にねぎ焼を出せば、待たせる時間を短くできますし、ランチタイムの補強にできます。

たこ焼をつまみにして酒を飲ませるという飲食業態も出てきていますが、たこ焼の味のバリエーション、具材のバリエーションで酒を楽しませるのは、難しいです。それでは飽きられて「また来たい」とは、なかなか感じてもらえません。

席を設けて、酒を飲む利用を狙うなら、たこ焼のバリエーションではなく、お好み焼、鉄板焼のメニューを用意することです。それも、居酒屋に勝てるメニューを用意することです。鉄板で調理する店らしいメニューで差別化することです。しかも、徹底的にロスは出さないようなメニュー内容と仕込みの仕方をすることです。

メニュー構成

徹底してロスのないメニュー構成に。

たこ焼は単価の低い商品です。ですから、ロスのない売り方が大事です。たこ焼をフォローするためにお好み焼、鉄板焼を組み合わせるときは、使う材料が増える分、「ロスをなくす」という意識はより強くしなくてはなりません。

ロスをなくして原価を整えることと、原価を落とすのは、まったく別です。原価を落としては、口の肥えた現代のお客を引き付け続けることはできません。次項の「味」のところでくわしく説明しますが、安い冷凍のタコを使っては、すぐに評判を落とします。

ましてや、お好み焼、鉄板焼も用意するなら、それによって食事目的で利用でき、居酒屋的な利用もできる店になります。お酒の好きな人もお酒が飲めない人も一緒に楽しめる店です。お年寄りから子供まで一緒に楽しめる特徴のある店になります。

鉄板焼は、鉄板で焼くというシンプルな料理ですから、ここでも売れるポイントは「味付け」にこだわるということです。たとえば、炒めるときに醤油と隠し味に中華ソースを。炒め物は油っぽいイメージもあるので、ポン酢味でさっぱりしたメニューも開発。そのポン酢は風味のいいものを選ぶ。焼肉のたれもさっぱりした味のものを選ぶ、などなど。たこ焼、お好み焼店は庶民価格の店ですから、ブランド和牛を焼いたり、アワビを焼いたりするのは喜ばれません。たこ焼、お好み焼店らしいアイデアある鉄板焼が喜ばれます。かといって、鉄板焼のためだけの材料を仕入れていたのではロスが出やすくなります。たこ焼の商売では、ほんの小さなロスでも出したら儲けが出ません。ますます、鉄板焼、お好み焼に使う材料を、アイデアと味付けの工夫で「また食べたい」と思わせるように展開する知恵が大切になります。

丸カバーをかぶせ、中に水を差して焼くと蒸し焼になり、パイ皿にのせて丸カバーをかけて焼くとオーブン焼風にも。ホイルで包んで鉄板の上でホイル焼もできます。鉄板焼でもいろいろな調理法ができるのです。それと、ソース、たれ、隠し味の工夫で、居酒屋に勝つメニューを開発していきましょう。

たこ焼店のメニュー構成のポイント

- 「たこ焼は、昼食、夕食として売れない」ことを念頭に置いて他のメニューを考える。
- 食事タイムには、たこ焼とのセットを用意する。
- たこ焼＋甘いもののセットで、軽食イメージを強める。
- たこ焼より早く出せるメニューを用意する。
- メニューの種類を増やしても食材は増やさない。
- 大衆メニューだから、調味料はいいものを。
- 鉄板を使った、多彩な加熱方法でメニューを拡げよう。

「たこ焼」繁盛法

売れる味

たこ焼の売れる
味を追求する。

売れる味

現代人が飽きない味を基本に。

注意したいのは、たこ焼にも売れる味があるということです。今はやわらかい食感のたこ焼が人気です。飲み物と一緒でなくても食べやすいたこ焼が売れています。ソース味、醤油味と選べるほうが評判がいいのも最近の傾向です。マヨネーズをかけるのも定番です。

ですから、ソースをかけても、醤油を塗っても、マヨネーズをかけても合うのが、今売れるたこ焼です。それは言い換えると、生地そのものがおいしく焼かれた、ソースを選ばないのが、おいしいたこ焼だということです。

これは、年配の経営者の方が、「若い頃に食べた味」「昔の味」を思い出して作ったのでは、売れにくいということです。年配の人が「懐かしい味」と感じるものが売れる味だと思ったら、大間違いです。乳製品を食べなれた嗜好、ハンバーガーなどのファーストフードを食べなれた現代のお客に売れる味でないと、たこ焼で集客し続けることはできません。

また、現代人に売れるたこ焼の味は、バリエーションのことでもありません。最近、たこ焼の具やソースのバリエーションで酒を飲ませる飲食業態ができていますが、バリエーシンは、飽きます。バリエーションを増やすことより、まずは、基本のたこ焼を売れる味にすることです。

売れる味

高原価のたこ焼は売れるわけではない。

たこ焼の味づくりで難しいところは、原価をかけるほど売れる味になるわけではない、という点です。

たとえば、生地に入れる玉子の量を増やせば、お菓子のようにリッチな生地になるかというと違います。玉子が多い生地だと重たい味になってしまいます。

また、タコを、刺身で食べても旨いものを使ったとしても、より売れるとは言えません。それより、タコの大きさと生地のバランス、たこ焼に向いたタコを選ぶことが大切です。かといって、安いタコでもダメです。

バリエーションも、季節限定で売るのはいいですが、それも、車エビやイベリコ豚など高い材料を入れ、高価なたこ焼にしたら、話題性もそんなに広がらないでしょう。「高級なたこ焼」をお客は求めていません。

たこ焼をつまみに酒を飲んでもらう店では、生地を少し濃い目の味付けにする配慮はいりますが、たこ焼のバリエーションを拡げるのは不要です。それより、お好み焼、鉄板焼のメニューで補強するほうが、商売として長続きします。

売れる味

焼き立てを売るのを基本に。

たこ焼は、焼き立てをするのを基本にしなくてはなりません。焼き立てが一番旨いからです。焼き置いたものは、買われないで、ロスになります。低価格のたこ焼で、少しのロスを出すような売り方をしては致命的です。忙しいピークの時間帯だけ、売れることを見越して焼き、ホットボックスに入れて売ることはいいですが、その場合も、売れ行きを予想しながら焼き進める「状況判断」は重要になります。

たこ焼は、たこ焼鍋1枚ずつ焼かなくてはならず、一度に焼く個数が多いと、残る場合もあります。そこで、私はたこ焼鍋を分割し、10個ずつ焼けるたこ焼台を開発しました。1列5個で2列の鍋です。店内の注文は5個単位にし、テイクアウトは10個単位で売ることで、ロスを防いでいます。

このたこ焼鍋は、たこ焼の大きさを調節すれば、1例6個のも作れます。店によって、1回に焼くたこ焼の個数を工夫するのも、たこ焼の商売の重要なコンセプトです。

鉄板テーブルやイスなどは既製品を使ってローコストに開業するのは大切ですが、店のコンセプトに関わる「1回でたこ焼を何個焼いて売るか」という点をまったく考えないで始める人がほとんどです。軽く考えて始める人が多いだけに、チャンスがあるということです。

また、たこ焼は、テイクアウトで売れるので、冷めても旨いことがリピーターを呼ぶには大切になります。多目の油で表面をカリカリにして中をトロリとさせても、焼き立てのときは感じなくても、その油を吸った生地は、少し時間が経って冷めたら敬遠される味になります。たこ焼は、焼き立てを売るのが基本ですが、さらに正確に言うなら、冷めてもおいしいたこ焼を焼き立てで売ることが大切です。

たこ焼の技術

- 生地の作り方
- 焼き方
- バリエーション
（エビチーズボール）

■ 生地の作り方 ■

材料（1回の仕込み量）

たこ焼粉 ………2kg	卵（L）……………8個
水 ……………8000ml	淡口醤油 ……… 80ml

作り方のポイント

●きちんと混ぜるために、混ぜる順番を守る

たこ焼の生地は、お好み焼の生地と同様に「混ぜるだけ」で作りますが、お好み焼の生地に比べて水分が多い生地ですので、きちんとまぜるためには、まず、卵と淡口醤油をしっかりと泡立て器を使って混ぜてから、水を合わせます。少しでもダマが残った生地では、おいしいたこ焼は作れません。

●卵のサイズ、個数は守る。

紹介したレシピは、L玉でのレシピです。卵の割合は少ない生地ですが、これをM玉で作ったら、生地の味わいは大きく変わります。また、卵の個数を増やすとリッチな味わいになりそうに思いますが、たこ焼に関しては、焼き上がったときに重たく感じる生地になってしまいます。たこ焼は間食なので、「飽きない味」で売ることが大切なので、重たく感じる生地は敬遠されていきます。

●営業中は混ぜながら使う。

たこ焼の生地は、水分の多い生地なので、放置すると水分と粉が分離してきます。営業中は、まず、生地を小分けして使います。そして、容器の底からすくうように大きく混ぜながら、たこ焼鍋に注ぐようにします。

●小分けした生地は、冷蔵する。

使用する卵の割合は少ないとはいえ、生卵を使い、水分も多いので、たこ焼の生地は傷みやすいです。とくに、梅雨時は痛みが早いです。「すぐ使うから」と安心は禁物で、小分けした生地は、ラップをして冷蔵庫で保存しながら使うようにします。

たこ焼の道具

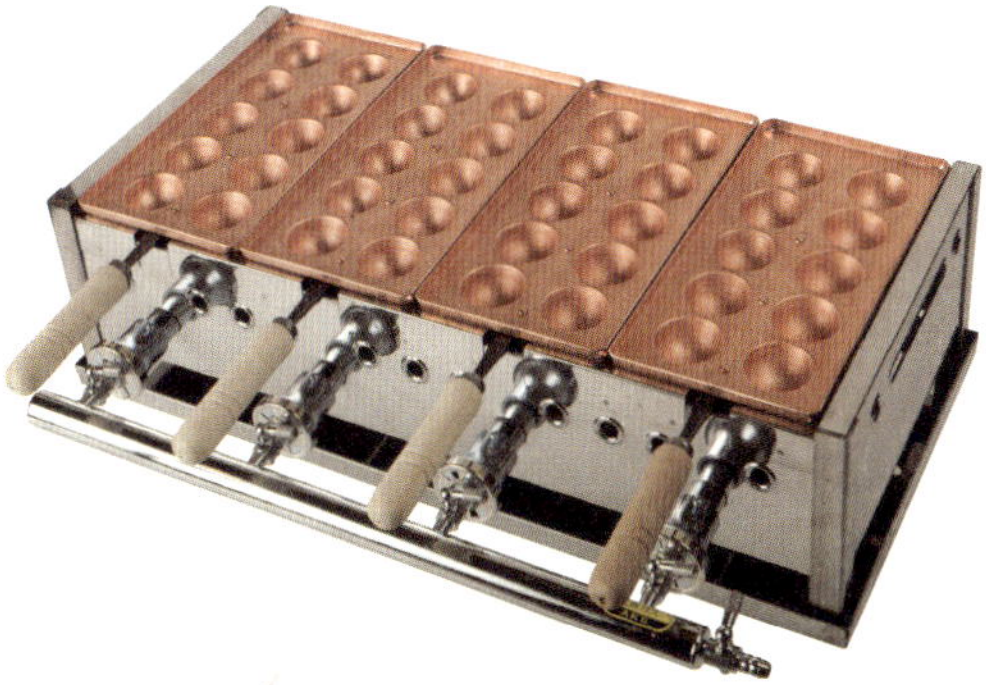

たこ焼器

都市ガス用とLPガス用がある。10個ずつ焼けるように、たこ焼器の銅板を4つに分けた。

10穴4連、銅板製。
サイズ幅650ミリ×奥行310ミリ(ガス管部分を含めるとプラス14.5ミリ)×高さ190ミリ。

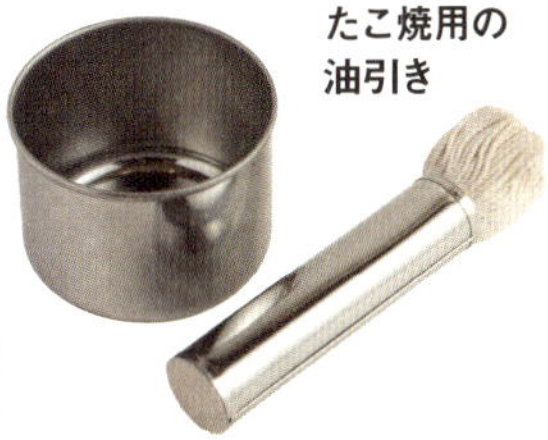

たこ焼用の油引き

たこきり

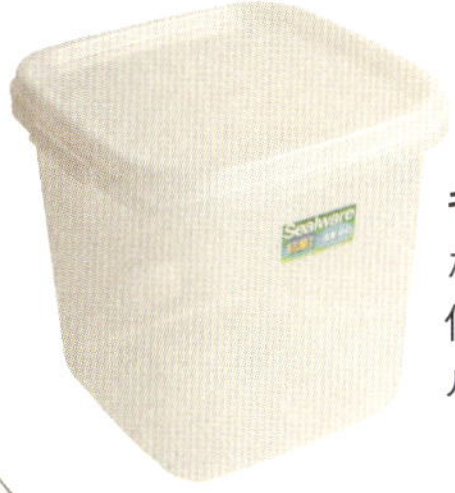

キッチンポット

たこ焼の生地を仕込むのにボウルより便利。

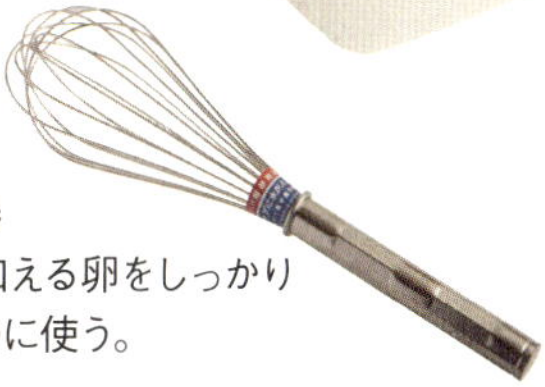

泡立て器

生地に加える卵をしっかり混ぜるのに使う。

ステンレス製のひしゃく

置いておくと分離しやすいたこ焼の生地を混ぜるのに使う。

ディスペンサー

たこ焼にマヨネーズソースをかけるのに使う。

料理用刷毛

たこ焼にソースを塗るのに使う。

大小のタッパー類

タコ、天かす、ねぎ、紅生姜を小分けしておくのに必要。

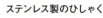

たこ焼の焼き方

たこ焼は、ソフトで中がとろ〜りとしたものが人気が高いです。しかし、外を油多めでカリッと焼いて、その対比で中の生地のやわらかさを出そうとすると、冷めたときにおいしくなくなります。また、たこ焼の味を一定にするには、「だし」を安定させることも大切です。

1 点火する前に油を引きます。たこ焼鍋の穴と上面に油を引きます。このたこ焼鍋は、穴の直径は38ミリ。明石焼と兼用の特製で、穴は一般的なたこ焼鍋の穴より浅め(一般的な明石焼の鍋の穴と比べると穴は深め)のもの。油は薄く引くこと。油を多めにすると、カリッと焼けますが、生地が油を吸うので、冷めたときにおいしくなくなります。

2 生地を流します。ここで点火します。たこ焼の生地は水分が多く、分離しやすいので、容器の中の生地は、かき混ぜてから鍋に注ぎます。また、たこ焼の生地は傷みやすいので、小分けして冷蔵して使います。

3 鍋の穴に1個ずつタコを入れます。タコはたこ焼の味を左右しますし、原価にも大きく影響する材料です。選び方は慎重に。(P125参照)

4 天かす、青ねぎと紅生姜のみじん切りを全体にパラパラとふります。天かすは、エビ粉やイカ粉が入った味のあるものは生地の味とケンカするので、味のないものを選びます。紅生姜は味のアクセントに。好き嫌いもあるので、1つの穴に1片入るか入らないかの量を散らします。

5 だし醤油を各穴に注ぎ入れます。これが、冷めてからも旨いたこ焼のポイントの一つになります。ソースを塗らないでも味わえるたこ焼にするには、このだし醤油の工夫と、たこ焼のサイズの見直しが必要です。(P129参照)

6 生地に火が通ってきたら、プクッと膨れるところが増えてきます。そうなったら、まず、たこ焼鍋の四隅の生地を内側にたたむようにはがします。

7 続いて、たこ焼鍋の穴のまわりを右の図のように四角くタコピンで切っていきます。

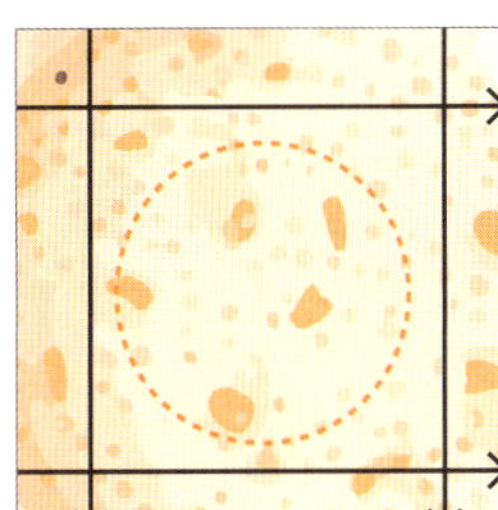

8 切った生地の、穴のまわりの生地を穴の中に入れるようにして生地を回転させます。ことき、タコピンで生地を刺さないように注意。生地に穴を開けるとふっくら焼けません。タコピンは、穴の手前、時計でいう6時のところに入れて3時のところに返すという動きでたこ焼の生地を鍋の上で転がします。

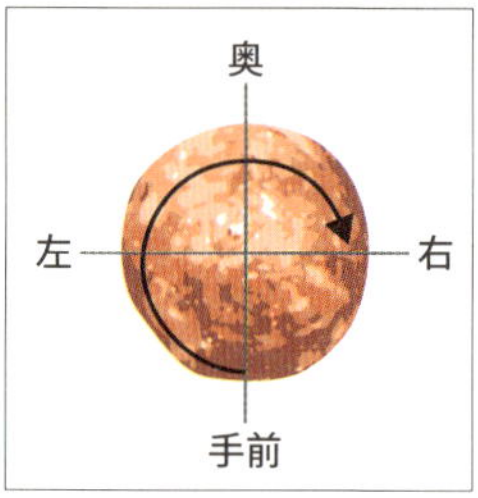

9 タコピンは、「6時に入れて、3時に返す」という一定の動きで生地をころがしながら焼いていきます。1つ1つムラなく焼き目がつくようにします。スタートから火加減は同じです。

10

カリッと焼けてきて、生地を回転させたときに、プクッと生地が一瞬膨れるようになったら生地に火が通ったサインです。焼き色だけで判断してはいけません。

11

焼けたら、タコピンで生地の表面だけひっかけて取り出し、器に移します。

12 ソースはすぐに塗ります。焼き立てに塗らないと味が変わります。私の指導店では、マヨネーズソースを添えます。マヨネーズでは、ソースと合わせると分離してしまうのと、油っぽく感じるからです。そこで、ソースと合わせても分離せず、軽い味わいのマヨネーズソースを開発しました。青海苔をかけるかどうかは、確認したほうがいいでしょう。

たこ焼の バリエーション (エビチーズボール)

タコの代わりにエビ、イカ、ホタテ貝柱などを入れると、生地が水っぽくなりやすいです。タコ以外のものを入れる場合、そのサイズは研究したいもの。また、生地に味を付けるほど旨くなるわけではないのは、基本のたこ焼と同様です。

1 基本的にたこ焼とエビチーズボールは、焼き方の手順は同じです。まず、点火する前に油を引きます。冷めたときにおいしくなくなるので、油は穴の中も外のところも薄く引きます。

2 生地を流します。ここで点火します。火加減は、たこ焼よりも、ほんの少し強めにします。

3 鍋の穴に1個ずつ小エビを入れます。エビは大きさを揃えるためにカットして使います。エビが大きいと生地が水っぽくなるので、「エビは大きいほうが売れる」というわけではありません。

4 続いてチーズ(ピザ用のとろけるチーズ)を入れます。天かすや青ねぎより前に入れたほうがチーズは生地になじみやすいです。

5 続いて、天かす、青ねぎと紅生姜のみじん切りを全体にパラパラとふります。天かすは、たこ焼に使うものと同じく味のないもので。紅生姜は好き嫌いもあるので、1つの穴に1片入るか入らないかの量を散らします。

6 だし醤油を各穴に注ぎ入れます。チーズを入れますが、生地に味があったほうが合うので入れます。

7 生地に火が通ってきたら、プクッと膨れるところが増えてきます。そうなったら、まず、たこ焼鍋の四隅の生地を内側にたたむようにはがします。

8

続いて、たこ焼鍋の穴のまわりを下の図のように四角くタコピンで切っていきます。たこ焼と同様です。

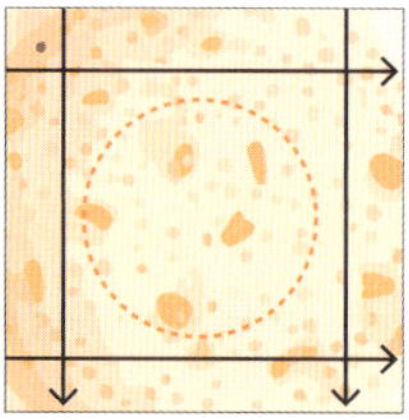

9

切った生地の、穴のまわりの生地を穴の中に入れるようにして生地を回転させます。たこ焼より少し強火で、早めに表面をカリッとさせることを意識します。タコピンは、穴の手前、時計でいう6時のところに入れて3時のところに返すという動きでたこ焼の生地を鍋の上で転がします。

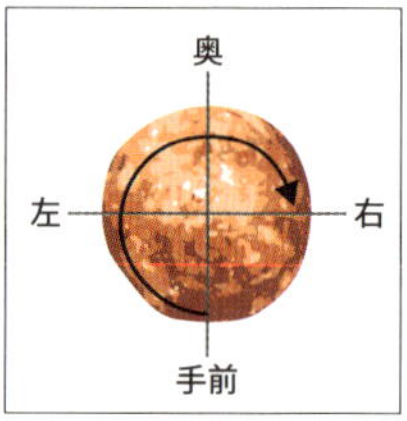

10

中からチーズが出てくると焦げるので注意します。たこ焼を焼くときより少し早めに表面をカリッとさせるよう、まとめていきます。

11 タコピンは、「6時に入れて、3時に返す」という一定の動きで生地をころがしながら、1つ1つムラなく焼いていきます。

12 生地を回転させたときに、プクッと生地が一瞬膨れるようになったら、生地に火が通ったサインです。たこ焼よりチーズ入りの生地はよく膨らみます。また、チーズの影響でまん丸ではなく、いびつな形で焼けるものもあります。

13

焼けたら、タコピンで生地の表面だけひっかけて取り出し、器に移します。

14

トマトソースをすぐに塗ります。ハンバーグやパスタを食べなれた現代のお客の嗜好を考慮して開発したトマトソースです。濃いソースなのでスプーンで1個1個にのせるようにしてかけます。たこ焼同様、青海苔をかけるかどうかは、お客に確認したほうがいいでしょう。

売れる味

たこ焼は、一口で食べたときの旨さを追求。

たこ焼のおいしさは、焼き立てをひと口でほおばり、ハフハフ言いながら食べて、その焼けた生地の表面と、中のトロリとした生地のバランスをソースとともに味わい、そしてタコが口の中で当たる歯触りと、噛んだときの味と生地の一体感を楽しむところにあります。ですから、味見も、このようにしなくてはなりません。

ソースだけなめて味見、焼いた生地だけ食べて味見、というのでは売れるかどうかの味見になりません。また、お客は、1皿分を食べて、その店の味を評価します。1個、2個食べての味見では、きちんと判断できません。

1個、2個食べたときは感じなかったのに、8個食べたら生地が重く感じた、ということはあります。そのときは、玉子の配合やだしを見直さなくてはなりません。

売っているたこ焼が冷めてもおいしいかどうかも、やはり、冷めたものを食べてチェックするのが基本です。

売れる味

味を見直すことも、大切な基本。

この項の最初に、たこ焼も現代人に売れる味があると説明しました。そして、この「現代人に売れる味」というのは、常に変化していることを忘れないでください。オープン時に好評である味が、ずっと好評であるわけではないのです。

「いつもおいしいですね」と常連客に言ってもらうには、同じ味ではダメなのです。お客の舌はどんどん肥えていきます。「いつも変わらない」と感じてもらうためには、常によりおいしくする、お客の舌を考えた進化を追求しなくてはならないのです。

もう一度繰り返しますが、たこ焼・お好み焼は、子供からお年寄りまで人気の高い料理です。女性にも男性にも好かれている、大衆人気メニューです。こうした、大衆人気メニューは、昔ながらの味が売れるかというと、それは大きな間違いです。大衆から人気を獲得し続けるには、大衆の嗜好を掴んでいかなくてはなりません。周知のように、大衆の嗜好は時代とともに変化しています。そこを考えないで、「これが変わらぬ店の味」「自分のレシピを守る」とこだわっても、時代の嗜好とズレてきたら、お客は離れていくのは当然です。

私がたこ焼・お好み焼にかかわって40年ほどになります。その間にお好み焼について言えば、大きく4回、味を変えました。大阪風お好み焼では、キャベツはみじん切りが当り前でしたが、それをせん切りにしました。ふんわりと焼き上げるためです。やわらかいものがイコールおいしいという時代の嗜好に対応するためです。このキャベツの切り方も試行錯誤して現在の切り方に至っています。私が開発したお好み焼の生地には今、牛乳も入ります。乳製品に慣れ親しんだ若い世代にとって馴染んだ口当たりにするための隠し味です。いま、マヨネーズも売れる味です。たこ焼もお好み焼も、ソースをかけた上にマヨネーズをかけます。普通のマヨネーズでは油っぽくなりがちです。そこで、たこ焼・お好み焼にかけるための、油っぽくないマヨネーズ風のホワイトソースを私は開発しました。

このように、大衆人気メニューほど、実に奥が深いものなのです。本書の冒頭に言いましたが、軽く見てかかっては、勝ち抜けません。でも、時代の嗜好を掴めば、大衆人気メニューはもの凄い集客力を発揮するのです。たこ焼・お好み焼は、まさにそういう商品です。

売れる味

プロなら、お金は「味」にかける!

たこ焼は単価が低い商品なので、出店費用は抑えて開業することが大事です。内装・設備に余分な費用はかけないで、ただし、クーラーと店頭のテントや造作はケチらないで店舗作りをするのが重要であると、前項で説明しました。

たこ焼店がお金をケチってはならないものには、クーラーと店頭の他にもう一つあります。それは「味」です。味にお金をかけないとお客は増やせません。

味にお金をかけるということは、高い材料を仕入れることではありません。高原価にすればたこ焼が売れるわけではないことは、前に説明しました。「お金をかける」とは、たこ焼の他、豚肉、キャベツ、玉ねぎなどのお好み焼店にいつもある材料をおいしくするソースにお金をかけるという意味です。味の違いを打ち出せるソースを使いこなすためにも、たこ焼店の開業前に実地研修は大切になります。

家庭で楽しむたこ焼と、商売で売れるたこ焼は、やはり違います。しかし、現実には、家庭で焼いていて「こんなに上手に焼けるんだから、店をやったら繁盛するはず」と勘違いして開業を考える人が多いのです。そういう人は気軽に開業を考えていますから、開業前に他の店で働くことも考えません。そして、商売を始めて気が付くのです。「何からしたらいいか、わからない」と。

たこ焼を家庭用のたこ焼器で焼くのは誰でもできます。ホットプレートでお好み焼を焼くのも同様に誰でもできます。しかし、毎日の商売では、2組のお客が入って、たこ焼の注文が入った。次に、ねぎ焼、お好み焼の注文が入った。次に店内のお客からは鉄板焼を

3品追加された。こうした一連の注文を段取り良くこなすのが、プロの仕事です。こうした段取りは体で覚えるしかありません。ですから、私は自分の店で開業前の人に働いてもらい指導します。段取りが悪く、1杯目のビールが空になるというのに注文した鉄板焼が1品も出てこなくて、出てきたと思ったら今度は3品が一度に出てきた…というのでは、二度とそのお客は来店してくれなくても仕方ありません。

仕込みも大切です。鉄板焼でよく活用するイカは、切ったものより姿で仕入れてさばいたほうが原価を抑えられます。しかも、さばいたイカをロスなく使うように、使いやすい仕込みをしなくてはなりません。実地研修で学んでほしいのは、単なる調理の経験ではなく、儲けを出せるための調理技術、お客を逃がさないための調理技術なのです。これらは、開業してから勉強していこうというのでは遅いです。開業前に身に付けておきたいことです。ぜひ、失敗しないために、こうした実地研修の時間を設けて開業計画を進めてください。

売れる味

売れるたこ焼ソースは、お好み焼用とは別もの。

たこ焼に塗るソースは、「たこ焼の味」の重要な要素です。しかし、お好み焼用のソースをそのまま使っている店が多いです。それでは、家庭の味と変わらなくなってしまいます。

お好み焼用のソースもいろいろあり、メーカーによっても味は違いますが、たこ焼では、広島風お好み焼のソースがよく使われているようです。広島風お好み焼きは関西風お好み焼より表面が丸いので、塗ったソースがすぐに流れないよう、ソースに粘度があります。粘度があるので、たこ焼に塗ったときにも、流れなくていいというわけです。

しかし、広島風お好み焼のソースと、関西風お好み焼ソースの違いは粘度だけではありません。広島風お好み焼のソースは、関西風のそれより醤油が少し強いのです。それは、生地とキャベツの割合が違うからです。広島風お好み焼のほうが、生地に対してキャベツの量が関西風お好み焼より多いです。ですから、醤油が少し強くても合うのです。

その広島風お好み焼のソースをそのまま、たこ焼に使っても、厳密には合いません。もちろん、広島風お好み焼のソースを塗って、まずくはないでしょう。でも、ちょっと工夫すると、もっともっとおいしくできるのです。

ソースをおいしくするポイントは、現代人の嗜好を考えることです。ソースでは、ウスターソースより、デミグラスソースやトマトソースに慣れ親しんでいるのが、現代人です。ですから、玉ねぎを炒め、トマトペーストやトマト缶を加えたものを隠し味にしてお好み焼用ソースの味の調整をするのです。炒めた玉ねぎ、トマトペーストの味わいは隠し味に使います。最初の1個を食べたときは「普通のたこ焼ソース」に思えても、5個、7個食べたときの後味の印象が違います。「また食べたい」となるのです。醤油の強いソースだと、何個も食べると「のどが渇くな」になるのです。なんとなく感じて、意識しないかもしれませんが、これが次回も注文につながるかどうかの差になります。

Point

ソースは味の第一印象であるだけでなく、たこ焼の売れる重要なポイント。それなのに、「他の店でも使っているソース」を使用する店が多い。たこ焼は、大衆的な食べ物なので、高いタコ、高い卵などを使う必要はないが、「味にお金をかける」ことは大切。

売れる味

たこ焼ソースの味見は、焼き立てでする。

たこ焼に使うソースの味見は、ソースだけを味見してはダメです。たこ焼に塗ったもので味見しなくてはなりません。

しかも、お客に提供するときと同様に、焼き立てに塗って、それを味見しましょう。焼き立てのたこ焼の表面は、60℃以上あります。そこにソースを塗ると、表面の熱でソースの酸味が飛び、甘みが引き立つようになります。つまり、焼き立てのときにソースを塗ったのと、焼いておいて少し冷めてから塗ったものでは、同じソースを塗っても味が変わるということです。

焼き立てのときにソースを塗って、それがおいしいように調整します。そして、冷めてからも味見をします。お客が持ち帰ってから食べることを想定し、冷めてからも味に問題ないか、チェックします。そして一皿が6個なら、6個食べてみてチェックしましょう。1個だけ食べて味見したつもりになってはダメです。

売れる味

たこ焼店は、焼そばにも手を抜くな！

ソースのことを解説しましたので、ついでに焼そばについても解説します。たこ焼は昼食時間、夕食時間には売れにくい商品なので、焼そばとセットにして売ることは有効です。客席を設ける店なら、焼そばは、お好み焼や鉄板焼を食べた後、しめくくりによく注文されます。ランチでも関西では焼そばとライスのセットは人気があります。たこ焼同様、焼そばも家庭でも頻繁に作られる料理でしょう。それだけに「この店の焼そばは旨い！」と、印象に残るメニューにすると、焼そばというメニューは集客の威力を発揮します。

まず、焼そば・焼うどんは麺を味わうメニューだということを念頭に置いてください。ソースを味わうメニューではありません。しっかり麺を加熱しないでソースと合わせると、麺に味が入っていかず、食べたときにモコモコした感じになります。後味にはソースの味が強く残ってしまいます。家庭のキッチンでフライパンで調理される焼そばのほとんどが、この状態です。

しっかり麺を加熱するには、鉄板で焼く利点を生かして、麺を広げて「麺の両面を焼く」ように炒めましょう。

焼そばはソースより麺にいいものを使いたいメニューです。家庭で食べられている蒸し麺より弾力のある麺を選びましょう。その上で、深みのある味わいを追究しましょう。

ソースは、「焼そばソース」を使うのは私は反対です。とんかつソースとウスターソースを別々に使うのがおすすめです。「焼そばソース」のネーミングで売っているものは、専用ソースのようで便利に思えますが、差別化できません。ウスターソース、とんかつソースの2種類を使って焼くほうが、焼き上がりの風味を良くできます。

醤油焼そばなら、オイスターソースを隠し味に使って、味に深みを出します。人気上昇中の塩焼そばにも、深みのある味わいの塩だれを選びます。そばめしでは、ごま油、ねぎ醤を隠し味にして風味を増します。家庭との圧倒的な味の違いを出せる焼そば・焼うどんだから、売れるのです。それには、風味・味わいの良さを追求しなくては、プロの味とは言えません。

売れる味

たこ焼のタコは、どう選ぶか。

たこ焼は、今は、1個80円くらいで売られているのが多いです。6個で480円~500円くらいです。安いところで、1個60円くらい。しかし、安いほうが売れるかというと、違います。やはり、大衆メニューは、味が大切です。

10年ちょっと前なら、たこ焼の原価は20％でよかったですが、今はある程度は原価をかけないと成功は難しいです。タコが高騰しているからで、安いタコでは、やはり、味が落ちるのです。

また、たこ焼のタコも1個6gでは小さいと言われ、1個8～10gが当り前になっています。たこ焼とともに店内で売る鉄板焼のたれ、ソースも家庭で使われるものより良いものを使いたいです。よって原価率は30％以内までかけたいです。

たこ焼の原価に大きく関わるタコは、安いほうがいいわけではありません。タコはたこ焼の味にも大きく関わります。

タコは、一回茹でたものをたこ焼に入れます。生ダコを入れるわけではないので、たこ焼に入れて焼いたとき、固くなり過ぎるものは不向きです。

中国近郊のものの輸入が増えているようですが、アフリカ産、とくにセネガルのタコはたこ焼に向いています。

冷凍で仕入れるタコなので、解凍をきちんとして使うことが大事です。半解凍の状態で使うと、早く固くなり、芯が残ったような焼き上がりになりますし、たこ焼の中で水が出て、生地もおいしくなくなります。

タコは、大きくカットして使うと差別化できそうですが、タコが大きいと、たこ焼を食べたときに最後にタコだけ残ってしまうことになります。これは、食べにくいのです。生地とタコを一緒に味わって、たこ焼はおいしいのです。また、タコが大きいと、持ち帰ったときに、タコから水が出ることもあります。これもたこ焼の味のマイナス要素になります。

タコの大きさは、たこ焼の大きさ、生地の量とのバランスで考えるものです。タコの大きさから考えるものではないのです。

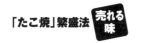

Point

直径38ミリの標準的なたこ焼鍋なら、タコは1切れ6～8gがバランスがいい。タコを大きくしたり、タコに味付けして合わせたりするのは、バランスが悪くなり、飽きられやすい。

売れる味

たこ焼のバリエーションの考え方。

最近、たこ焼の味のバリエーションを増やす店が出てきたのは、気になります。たこ焼で酒を飲ませるチェーン店もあり、そこに目をつけ、たこ焼バルという業態も出てきました。

たこ焼のバリエーションとして、タコではなく、エビやカキなどのシーフードを入れるものや、中には、チョコやクリームを入れるものまであります。

こうしたバリエーションは、話題性はあります。しかし、ずっと売れるものでは決してありません。エビやカキなどのシーフードは、たこ焼の生地を水っぽくしてしまいます。過去にも多くの人がタコ以外の食材でチャレンジし、タコが残ったのであって、たこ焼にタコを入れるのには、意味があるのです。

気をてらったチョコやクリームを入れるものも、バレンタイン限定とかクリスマス限定といった期間限定でなら売ることもいいでしょうが、レギュラーメニューとして売るのは、反対です。

たこ焼のバリエーションとして注目していいのは、キムチ入り、チーズ入りでしょう。それでも、まずは、基本のたこ焼がおいしいことが大前提です。

その意味で、たこ焼の原点とも言える、醤油味のたこ焼は見直すときだと思います。ソースを塗って食べるのが当たり前になっていますが、もともとのたこ焼は、生地に醤油味が付いていて、そのまま食べておいしいものでした。ただ、生地に醤油味を付けると、生地が焦げやすく、焼くのに技術が必要になります。

また、いま、たこ焼は直径38ミリの大きさの鍋で焼くのが主流です。ジャンボたこ焼と呼ばれるものは、直径40ミリ以上です。大きなたこ焼がうけたので、だんだん大きくなり、直径38ミリのが主流になりました。

かつての醤油味のたこ焼は、もっと小さかったです。直径38ミリより小さい大きさのほうが、醤油味の生地、表面の香ばしさ、タコのバランスがいいのです。子供がひと口で味わうにもいい大きさです。

Point

たこ焼のバリエーションは、極力、少なく。出しても「期間限定」で売るほうがいい。バリエーションを増やすと、バリエーションから注文し、飽きられやすくなる。定番のたこ焼のおいしさからアピールすることが、人気を持続、売上を安定させることになる。

たこ焼のバリエーションを追求するより、原点の醤油味のたこ焼を追求してはどうでしょう。たこ焼の大きさから研究しなくてはなりませんが、醤油味のたこ焼は、これから「プロの味」として見直されてくると確信しています。

たこ焼の味づくりのポイント

- 飲み物なしで食べられるたこ焼が売れる。
- マヨネーズをかけても、油っぽく感じないたこ焼が売れる。
- 醤油を塗ってもソースを塗っても合うたこ焼が売れる。
- 変わった味より、飽きない味が結局よく売れる。
- たこ焼のバリエーションは期間限定で売るのがいい。
- たこ焼は、焼き立てを売り、焼き立てを食べてもらうこと。
- ひと口で食べたときのおいしさをチェックしよう。
- 焼き立てに塗って、ソースの味をチェックしよう。
- たこ焼のためのソースを用意しよう。
- 醤油味のたこ焼を見直すとき。
- お好み焼、焼そばの技術も追求しよう。

飲食店営業の
基本は、
たこ焼店でも
基本中の基本。
!

外食の楽しさを売る。

たこ焼は、大衆的な食べ物で、家庭の人気料理でもあります。お好み焼も同様です。だからこそ、お客を呼ぶ商品にするには、「味」にお金をかけることがポイントです。

いい肉、高い魚介を仕入れるということではなく、味の要点になる、ソース、たれ、だし、調味料はいいものを選びたいということです。生地の味のベースになる「だし」はいいものを選びたいし、いつも同じだしが使えるようにしたいです。原価を下げるために、安い醤油、安いコショウに変えるケースがありますが、それでは家庭の味以下になってしまう。

また、原価を下げるために、鉄板焼に添えるレモンやパセリを省く例もあるが、そうした飾りがないと家庭料理に見た目で近づいてしまうことも忘れないようにしたいです。飾りのパセリやレモンを省くことは、味にお金をかけないことと同じなのです。

たこ焼、お好み焼は大衆メニューですが、店で出すときには、「外食」になることは忘れてはならないです。家庭で食べるときとは見た目の雰囲気が違うこと、そして、家庭で使っているものより旨い調味料、たれ、ソースを使うから、大衆的なたこ焼、お好み焼、鉄板焼がプロの味にできるのです。

季節感も外食の楽しさになります。夏は、冷麺を売ったり、スタミナのつくイメージのホルモンを焼そばに加えたりします。それを店頭で伝えることが大切です。「冷麺」の吊り旗を下げたり、ＰＯＰを貼り出します。店頭に水をまくだけで、夏の演出になります。店内にも風鈴やアサガオやヒマワリを飾ります。季節感を店内に演出すると、お客を飽きさせません。

お好み焼は、冬にカキを具材として使う他は季節感を出しにくいメニューです。でも、鉄板焼メニューは違います。春には菜の花、タケノコ、新玉ねぎを使って春メニューを出せます。夏も秋も同様です。季節感を演出することで、季節メニューは売れやすくなります。もちろん、季節メニューに使う食材は、鉄板焼にするにしても、ポン酢味、塩味、バター醤油味、味噌味と展開し、お好み焼・焼そば・ねぎ焼にも活用し、ロスが出ないように徹底します。

営業時間は、守る。

夜は、閉店時間の1時間前を過ぎたら、入ろうとしないお客が増えます。とくに食事だけでなく、お酒も一緒に売りたい店では、そうなる傾向が強いです。閉店まで60分もない状況で、あわただしく飲み食いしたくない人は多いのです。

ですから、夜10時頃にも来店してもらうためには閉店時間は11時30分以降の設定にする必要があります。

冒頭に説明しましたが、たこ焼は夜食に売れます。粉ものは、お腹にたまらないので、他の飲食店に勤める人たちに、店を閉めた後に来店してもらうことが狙えます。「たこ焼は昼の食べ物」と決めつけていては、好機を逃がします。

周りの飲食店に勤める人たちを呼ぶには、周りの飲食店の閉店時間を調べて、それを考慮した営業時間を決めましょう。

想定した客単価を追求。

有望なのは、「たこ焼」の看板、赤ちょうちんの文字で集客し、テイクアウトの売上を確保すると同時に、店内の客席では、お好み焼や鉄板焼をおつまみして酒を楽しんでもらい、お好み焼、焼そばで満足してもらうスタイル。

鉄板焼メニューが売れるには、ソース味、塩味、味噌味、ポン酢味、中華味などの味のバラエティが大切です。そして、目指すは客単価2千円。

客単価は、「これぐらい使ってもらえたらいいなあ」という希望や願望では達成できません。お客に何品注文してもらい、何杯ビールやハイボールを飲んでもらえるか。そうした、自分の店での楽しみ方、過ごし方を想定したメニュー内容と価格を決めます。

たとえば、客単価2千円を目指す場合、お好み焼が500円なら鉄板焼メニューは400円台から売って、お好み焼と鉄板焼が一緒に売れるようにしよう。たこ焼だけ、お好み焼だけで客単価2千円を達成することはできません。お好み焼を味わってもらって、さらに、鉄板焼、ねぎ焼、たこ焼、いか焼などとお酒を注文してもらうから客単価2千円は達成できます。

ですから、1品で満足感が高くて満足してしまう商品は、不向きです。たとえば、モチ入りお好み焼はよく売れます。納豆入りねぎ焼もよく売れます。でも、満腹感が高いので、追加の品が売れなくなります。お好み焼の生地にバターや豚骨スープを加えるのもおいしいですが、お腹にたまって他の品が売れなくなります。売れることより売れ続けることが大切だということも商売の基本にしましょう。モチ入りお好み焼を売るにしても、1月だけの期間限定販売にするなどの工夫が大切です。

！クリンリネスも商売の強みに。

鉄板テーブルでお客が焼く店では、3坪に4人掛け2卓くらいが適当です。それ以上では窮屈ですが、店の人が焼いて提供するスタイルなら3坪に4人掛け4卓で大丈夫です。回転を良くする上でも、店の人が焼いて提供するほうが大阪風お好み焼でもおすすめです。鉄板で調理し、鉄板テーブルを客席に置くと、店内は油、油煙で汚れやすいです。私の大阪・ミナミの店は改装まで10年持ちました。20坪で月900万円も売る繁盛店ですから、普通なら3年で改装しなくてはならないでしょう。10年持ったのは掃除のおかげだと断言できます。

他の飲食店より汚れやすい業種なので、モップではなく手で床も拭き掃除をました。手拭きの掃除は油汚れに勝ちます。この10年間に普通なら3回改装しなくてはならないところを1回で済んだのです。毎日のきちんとした掃除のおかげで2回分の改装費が節約できたのです。つまり、毎日の掃除で大きな利益が生まれたのです。きちんとした掃除が利益に明確に結びつくのが飲食店です。「掃除イコール利益」と思えば、「今日はいいや」とは思えないはずです。

つい、掃除に手抜きをする、掃除の中身をチェックしないから、店舗はみるみる汚れに負けてしまいます。毎日見ている店内は変化に気づきにくいです。まして、「来年改装するか」と決めると、どうせ改装するのだからと、さらに掃除を手抜きしがちになります。改装する前だから仕方がないと、汚れも気にならなってきます。しかし、お客は、第一印象で「汚れ」を発見します。店内を歩くと靴底にペタペタと張りつくような店に現代のお客は二度と行きません。

掃除がたいへんなのは、閉店してから、一番疲れているときにしなくてはならないからでしょうか。「今日は忙しくて疲れたから明日にしよう」とつい伸ばしてしまいます。忙しい日は普段より汚れているはずです。

また、生ビールの樽からサーバーへの管も、閉店後、毎日湯通ししてきれいにしましょう。その日のうちにきれいにしないと、次の日、開店直後に来店して生ビールを注文してくれるお客に悪印象を与えます。開店直後に来店してくれるお客は、店にとって大事なお客ではないでしょうか。

！店の「昼の顔」と「夜の顔」を区別。

庶民的であることが、たこ焼店・お好み焼店の魅力です。夏はソフトクリーム、かき氷の吊り旗やのぼりを出すのも似合いますし、売れます。

でも、そのまま夜も営業する店が多いのが問題です。夜のお好み焼店は、「酒を飲む」利用を掴むことで客単価がアップし、深夜まで営業が可能になります。これが売上を伸ばす原動力になりますが、夜に来店するお客に「かき氷」の吊り旗は少し興ざめです。夜には、「かき氷」の吊り旗は外して赤いちょうちんに変える配慮は、大切な商売センスです。たこ焼店らしい、昼の顔、夜の顔を大切にして営業することが、繁盛の基本です。

店主がいつもいることの強さ。

たとえ小規模でも、大規模チェーン店より個人店が強いのは、いつも店主が焼いていることにあります。いつも同じ「顔」が焼いているという安心感は、店への信頼を高めます。逆に、行くたびに焼いている人が違うと、味も毎回変わるようでお客は不安になります。

ですから、店の人が焼いて提供するスタイルでは、焼き台は客席から見えたほうがいいでしょう。見えないところで焼いたのを出されるより、見える場所で焼いて出されるほうが、焼き立てのおいしさが伝わります。

そして、お客が長居する夜の時間帯はとくに、いつものメンバーで接客し、いつもの人が焼く体制を作ることが常連客を早く増やすポイントです。いつも夫婦、家族で働く店は、ですから、店のすごい魅力になるのです。

アルバイトの人にも「いつものメンバー」の一人になってもらうために、長く勤めると時給が上がっていく給料体系より、休まないともらえる皆勤手当てで手取りが大きく上がり、その皆勤手当てが長く勤めると上がっていくほうが飲食店にはふさわしい給料体系だと思います。当り前にスタッフが皆勤する店は、実は販促の成功率を高められます。言うまでもなく、逆に突然休むアルバイトが絶えない店では、販促のアイデアが良くても成果を上げられません。

「ちょっとオシャレ」は禁物。

自分の店を持つと、ちょっとオシャレにしたいのも当然です。女性経営者はとくにそうですし、地方都市の経営者もその傾向があります。

たとえば、オシャレなテーブルを選び、オシャレな器を使い、そして、自分は着物を着て店に出る。経営者が「1枚500円のお好み焼を着物を着てサービスするんだから、うちの店は凄くサービスのいい店だわ」と思っても、お客のほうは「落ち着かないなあ」「注文しずらいなあ」と感じます。着物で働くことで、来店客を選択してしまうことは知っておきたいです。やはり、たこ焼店のイメージで商売することが売上を伸ばす基盤です。

また、経営者にお酒の知識があると、つい、いい酒を置きたくなる傾向もあります。「この新潟の地酒は幻の酒で、地元でもなかなか手に入らない純米酒なんですよ。いかがですか」と、自慢して進めたく気持ちはわかります。でも、その純米酒が一合千円なら、その日の会計はいつもより上がります。

「すすめられて飲んだけど、結構高くついたなあ」「高いの飲まされちゃったなあ」という不信感が生まれる可能性もあります。

ワインが人気といっても、お好み焼店で1本4千円、5千円のフルボトルは売らないほうが店のイメージを崩さないでいいです。グラス1杯500円、ハーフボトルで千円が限界です。お酒を売ることは、これからのお好み焼店にとって重要なことですが、場違いの酒を置くと、売上をかえって伸ばせません。

飲食店営業の基本まとめ

◆家庭では味わえないおいしさ、楽しさが売れる。

◆飽きないおいしさが、売れる。

◆盛り付けにも、家庭との違う魅力があると売れる。

◆季節感のあるメニューは、お客を飽きさせない。

◆１品の満足感ではなく、トータルでの満足感を売れ。

◆営業時間、定休日は、守る。変えないようにする。

◆店のコンセプト、狙い、想定客数、想定客単価の実現を目指すこと。

◆店の魅力を維持するための掃除を。

◆おいしさを維持するための掃除を。

◆昼の営業、夜の営業の、それぞれの特徴をアピールしよう。

◆店主がいつもいる安心感は、すごい集客力になる。

◆「らしくない」内装、メニューはお客を逃がす。

たこ焼店の販促・イベント繁盛法

春夏秋冬

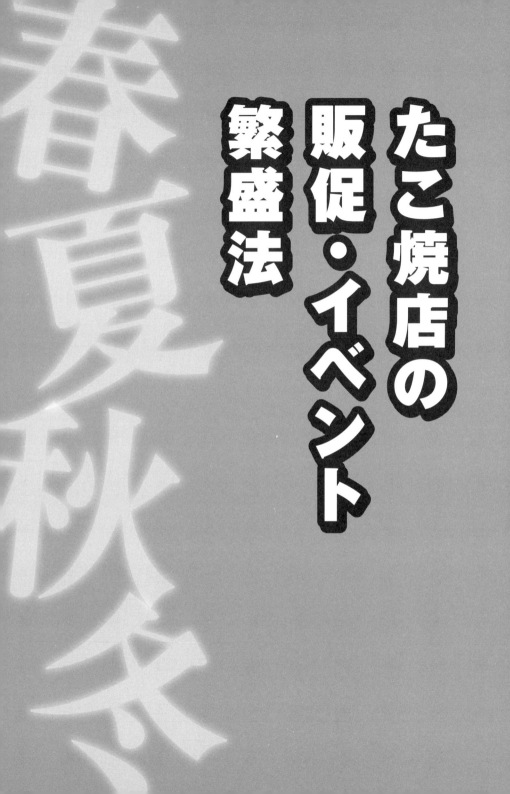

販促・イベントは、売上げ挽回のために実施されていたのは、もう昔のこと。今は好調店ほど、販促・イベント・フェアを実施します。店の個性、活気を販促・イベントを通してアピールすることが、好調を維持するポイントになっているのです。販促・イベントを実施することで、商売に季節の表情や四季の変化をプラスすることができます。そうした「動き」がある店に、現代のお客は魅力を感じ、何度も通ってくれます。だから、ますます、好調店と不振店の差が開くのが、現代の傾向です。

秋

冬

たこ焼店、お好み焼店は、大衆店だから大規模の販促・イベントは不要ですが、大衆店ならではの、庶民の生活感に合わせたキメの細かい販促・イベントを積み重ねていきたいです。その販促・イベントの基本は、「準備をきちんと」して、「先手先手で」仕掛けること。どんな販促・イベントも、告知期間が短いとか、準備が不十分だと、成果は出せません。ここを踏まえて、春→夏→秋→冬の販促・イベントの計画と進め方を説明していきます。

春の販促

新しいお客を取り込む告知戦略

「1月は『行く』、2月は『逃げる』、3月は『去る』」と言われるように、正月を過ぎると、異動や入学の時期を迎えるのは、早いです。3月と4月は人が大きく動き始めます。飲食店としては、こうした人々を新規のお客として取り込むことが、この時期には特に大切です。この時期に獲得したお客が定期的に足を運んでくれるかどうかで、今後1年間の商売の行方も大きく左右されかねないと言えます。

今の時代、新規のお客をつかむ上で、まず「ネット情報」が重視されやすいのは確かです。飲食店を探す場合、パソコンやスマホによる情報収集は、今や世代を超えて日常化しています。しかし、ネットの活用率が高いからと言って、それを集客方法としても第1に考えるべきかというと、違うと思います。

まず、ネット業者サイトへの情報掲載は、思いのほかコストがかかることもあります。無料の口コミサイトなどではネガティブな情報を書き込まれるリスクもあり、これも店側の意に沿った効果という点では疑問符がつきます。

ベターなのは「自店でホームページを立ち上げる」という方法ですが、これもいくつかの問題があります。まず、うっかり古い情報（季節のおすすめメニューや販促内容、定休日や営業時間など）をそのままにしてしまうと、たちまちお客の不信を買ってしまうという点です。

中小規模店の場合、フレキシブルにホームページの内容を更新するのは意外に大きな手間となります。結局、外部にホームページの管理を発注する流れになると、やはりコスト面の調整が課題となるでしょう。

もろもろ考えると、昔ながらの「チラシ配布」というアナログな手法が、意外に優位であったりします。特に、短期集中で新規のお客を獲得するという場合、このチラシ配りの方法は効率的です。

これも「効果を上げるためのやり方」があります。単に店の情報をチラシにしてまくというのでは、これも費用対効果を悪化させるだけです。どんな情報を掲載すればいいのか、それをどのように配布するべきかという点で、緻密な戦略を立てる必要があります。

今時は「チラシ」で店の雰囲気も伝えたい

チラシに掲載する内容としては、店名や業態、店の場所・連絡先などの基本情報に加え、「どんなものが食べられるのか」というメニューの基本情報も必要です。注意したいのは、店側が強調したい部分（自店の目玉メニュー情報など）が、お客が「ほしい情報」と必ずしもマッチしないケースがあることです。

今時の消費者は、まったく予備知識のない状態で「店の宣伝チラシ」を手にしたとき、「自分の懐具合に合っている店だろうか、無駄な消費にならない店だろうか」という警戒心から見る傾向があります。

となれば、「自店の売りもの」を打ち出すと同時に、「店のメニューの価格帯はどれくらいなのか」という判断基準を示す情報をしっかりと目立たせることがチラシの紙面には求められます。

具体的には、判断の基準になりやすいたこ焼、お好み焼、鉄板焼とその値段をはっきりと示す。そのうえで、他店と差別化できるような目玉メニューを掲載するのが望ましいです。

同じ理由で、お酒を売るなら、もっとも価格の比較がしやすい生ビールやハイボールなどの価格情報も載せておくことが必要です。

次に載せたいのが、店舗の内外の写真です。外観・看板については、いざ店に向かうときに迷わないようにするための情報。店内写真については、「一人で利用しやすい席があるか」、「家族で利用できる店かどうか」を判断させる材料となります。

さらに、写真として加えたいのが、店のスタッフの顔写真だ。ここ数年の傾向だが、お客は飲食店にアットホームな雰囲気を求めています。たとえば、若い従業員の和気合い合いとした集合写真などがあると、その雰囲気自体がお客にとっては「楽しく過ごせる」という証しになます。同じ理由で、経営者や店長のキャラクターを前面に押し出した写真があってもいいでしょう。

チラシの配布役は「店の看板」の意識を

もちろん、配布したチラシを持参したら割引等のサービスが受けられるしくみにして、「チラシを受け取るメリット」を打ち出すことも必要です。

この場合、手間のかかる料理などを割引対象にしてしまうと、店のオペレーションが混乱することもあるので注意が必要。そうした混乱がもっとも少ないのは、「生ビール一杯無料」といった方法です。しかし、これだと、ビールだけ飲んで帰るお客がいます。「まさか」と思うでしょうが、います。また、時には生ビール一杯で粘られてしまうなどのケースもあります。

そこで、「生ビール2杯で1杯を無料」という表記にします。こうした割引サービスの場合、最低限でも「原価がとれる」ことを基本と考えたいです。

次に考えたいのはチラシの配り方です。まず配る時間帯ですが、夜が商売の主流となる店の場合、つい夕方に配りたくなるものですが、これは逆効果となりやすいです。たとえば、会社や学校からの帰りの時間の場合、その時間帯にはすでに夜の行動予定を決めていることが多いからです。

その場合、受け取ったチラシは家へと持ち帰ることになりやすいですが、そのまま捨てられてしまうリスクも高まます。ですから、夕方よりは朝の出勤・通学時間帯にチラシを配る方が「使われる」可能性が高いのです。

チラシを会社に持っていけば、まだ「夜の予定」を決めておらず、しかも検討する時間的な余裕もあります。「こんなチラシをもらったから、ちょっと偵察してみようか」という具合に、少なくとも店の方向へ足を運んでもらう率が高くなります。

問題は、夜の時間帯が主流という店の場合、朝の出勤・通学時の時間帯は配布する人手の確保が難しいということです。大手の居酒屋などでは「配布専門」のアルバイトを雇ったりするケースもありますが、現場で働いている当事者ではないから、どうしても店側の熱意や誠意というものが伝わりにくくなります。

こうしたチラシ配布の場合、もっとも重要なのは、受け取る側が「配布している人＝店の従業員」と思ってしまうことです。いわば店の看板も同様ということです。そこで熱意も誠意も感じられない配り方をされては、あっという間に店のイメージはガタ落ちとなりかねないです。仮に店の従業員を使って配布させたとしても、アルバイトクラスだと「やらされている」という意識から、「自分は店の看板も同様」という意識が薄れます。

忘れてならないのは、街頭でチラシを受け取ってもらう人も、将来的にお客になる可能性がある存在という点です。つまり、相手は来店するお客と同じであり、店内接客と同じ気持ちで頭を下げてチラシ配りができるかが重要です。

その意味で、本来は経営者や店長自らがチラシ配りを手がけるのがベストだが、それができなければ、少なくとも従業員には前述の精神を備わせる必要があります。

チラシの手渡しでも、直前の「ひと声」が大事

チラシを配る場合、受け取る人が目前に来てから差し出すというシーンを見られます。これだと受け取る側は心の準備ができておらず、警戒心から「反射的に（受け取りを）拒否する」という反応になりやすいです。まして、無言でチラシを差し出したのでは、「なんの店かわからず」に、警戒心はいっそう高まります。受け取ったら風俗店のチラシだった、という経験をしたことがある人は多いからです。

チラシの配布の基本は、チラシを渡したい相手が目前に来る少し手前のタイミングで店名と何屋かを声にして伝えること。「たこ焼屋です」と声をかけてからチラシを差し出し、続いて「割引券ついてます」と付け加えて関心を引きつつ、相手が手を差し出してくれたら、「○○屋です」と店名を告げるのがベストです。

チラシ配りの鉄則

店外で好印象づくり

手渡すときの「声」と「表情」と「服装」も販促活動の一部です。

受け取りたくなる“ひと言”

サービス券を兼ねているチラシなら、そのことを伝えながら配ること。

記憶に残る写真を

女性1人でも利用できる店なのか、家族で利用できる店なのか、店の雰囲気がわかる写真をチラシに入れるのも大切。

春の販促のポイント

●自店のホームページは、古い情報のままはタブー。

●チラシの中に店の雰囲気を伝える写真もあったほうがいい。

●配るチラシに、いつもいるスタッフの顔写真も入れたほうがいい。

●チラシを配る人の、手渡すときの「ひと言」も販促と考えよう。

●チラシを配るのは、チラシを見てもらえる時間帯に。

●どんな得をするチラシかを伝えながら配ろう。

●サービス券は、原価割れや作業の手間になるものは、絶対NG。

初夏の販促

夏の繁忙期に向けて準備したいメニュー

ゴールデンウイーク明けから6月の夏のボーナス期までは、飲食店にとって一年でもっとも厳しい時期となりやすい。しかし、強い店は、この期間に新規のお客を集め、夏の繁忙期に向けたリターン客として育てることに成功しています。その差は、夏の定番メニューをタイミングよく前倒し、夏本番になったときのファンをがっちりつかむことにあります。

つまり、「準備」の差です。

たとえば、6～7月にかけては梅雨時の長雨で肌寒い日もありますが、その分、合間の晴れた日に気温が上がったりすると、「かなりの暑さ」を感じやすくなります。そのタイミングで冷しゃぶやハモサラダなどのさっぱりしたメニューを出すと、飛ぶように売れたりします。ビールと相性のいい揚げ物やキムチ入り焼きそばなども人気が高まります。

早めに「その店ならではの夏の味」を覚えてもらえれば、7月後半から8月の猛暑とボーナス期が重なるタイミングでは、お客を引き付ける大きな力となります。

ただし、この夏本番をにらんだ前倒しは、店の商売センスが強く問われてくるのも確かです。気候の状態やお客のその時々の関心と、「売りたいメニュー」の間に少しでもズレが生じると、たちまち食材の回転が鈍ることにもなりかねないのです。

6～7月といえば、食材が特にいたみやすいシーズンということも問題です。生の魚介類だけではありません。最近、ポテトサラダの人気が高まっていますが、これも足が早い。夏の繁忙期に入る前のタイミングで食中毒などを出し、営業停止などとなれば店の営業の存続にもかかわってきます。

では、夏メニューを売る商売センスをどのように高めていけばいいのか。そこをもっと掘り下げてみましょう。

初夏の変動しやすい気候に敏感になる

まず大切なのは、５月〜７月は、日々の気候変動が激しいシーズンであることを頭に入れ、他の時期以上に天気予報などに敏感になることです。前日に明日の天候を確認するのはもちろん、１週間単位などの予報の精度も上がっているので、これも欠かさずにチェックしたいです。

そのうえで大切にしたいのは、早い時間帯での「自分の肌感覚」。仕込みの時間帯にまず外気にふれてみて、「今日は空気が冷たい」と感じたとします。これに、その日の気温変化の予報を照らせば、「意外に気温が上がらない」ことが実感をともなって判断できるでしょう。

地下街やテナント内の飲食店の場合、仕込みに追われるあまり、「店から出ないで、外気にふれる機会がない」というケースも見られます。ここは意識して、「仕込み前に一度は外気にふれる」という習慣をもつようにしたいです。

また、5～7月の時期は、ランチで、お客の季節の嗜好・好みの変化を知る機会にすることもできます。たとえば、ランチに定食などを出しているとして、その日の副菜や付け合せに、狙いとする夏メニューを少し加えてみます。もし、「この気候なら今日はこの夏メニューが売れる」と予測したとして、そのとおりに完食率が高ければ、仮説は正しいことになります。であれば、売れると予測した日の夜の営業に向けて少し多めに副菜をつまみメニューとして仕込むという対応ができます。

おすすめのお得感を高める工夫を

売りたいメニューは、「本日のおすすめ」として、店内POPに張り出すとともに、定番のメニュー表の間にパウチした「おすすめメニュー」を差し挟んでもおきます。売れ残りを確実に避けるには、一歩踏み込むことが必要です。

お客によっては、注文を完了してほっと落ち着くまで店内を見回さないという人もいます。そうした習慣を考慮に入れた上で、店内ＰＯＰと卓上メニュー表の併用での告知が望ましいです。さらに、従業員が注文をとる際にも「本日のおすすめは、こちらです」と示すようにするのも必要です。

ときには、「この気候では、どれくらい売れるかつかみにくい」という日もあります。そんなときは、おすすめ告知だけでなく、「売り切れ御免」や「割引提供」などをほどこす柔軟な対応をすることも頭に入れておきたいです。

また、夏本番になる前に出すおすすめメニューでは、時には「まだ旬の前で少々原価が高い」という食材を扱うケースもあります。夏本番に向けた誘い水という位置づけだと、もともと儲けは度外視して出す場合もあり、そうしたおすすめメニューは「値引きは無理」というものが多いですが、売り方で工夫できます。

たとえば、そのおすすめメニューを割引対象とするのではなく、「おすすめを注文してくれたお客」に、（生ビールなどの）ドリンク一杯を半額にするといったサービスを行なう方法があります。あるいは、比較的原価の低い夏野菜などを天ぷらやフライにし、「今ならセットでご提供」という具合にお得感を打ち出していくのもいいでしょう。

現代のお客の健康志向は水面下で高まっていて、「肉・魚＋野菜」という栄養バランスに心を動かされやすいです。特に夏野菜は、アスパラ、カリフラワー、オクラなど「健康志向」に訴えるものが多く、テレビの健康情報番組などを通じて一気に人気が高まるという光景も見られます。

また、昨今のパクチーブームに見られるように、夏場に向けてエスニック風の一品へのニーズもさらに強まっていくことが予想されます。たとえば、ベトナム風のスープや生春巻きなどもセット販売の候補となり、それ自体が夏の繁忙期に向けたクチコミなどを起こしやすいメリットがあります。

さて、夏といえば、冷やし麺もお客に訴える力が大きいです。これも早くから売れ筋として育てる上で有望なメニューです。

ただし、酒を飲んだ後などの「しめの食事」という想定で冷やし麺を売ると、狙い通りの売上が期待できないこともあります。1人前の分量の問題、そして、春先は交際費（各種ご祝儀や歓送迎会費用など）がかさむので、夏のボーナス期までサイフの紐は固くなる傾向が強いのです。

そこで、麺自体のボリュームをやや抑えつつ、具を主役に押し出してみたいです。たとえば、白髪ネギとチャーシューをあえたものを具にするのであれば、そこにもう一品（夏野菜の素揚げなど）を加えてみます。要するに「それだけでも酒のつまみにできる」ような工夫をこらすわけです。一品でつまみにも食事にも——いわゆるハイブリット・メニューがドリンクの売上げアップにもつながります。

初夏の販促のポイント

- 初夏に、夏本番に向けての対策を打つ。
- タイミングよく、「夏の味」の先手を打つ。
- 5～7月の気候の変化を考えたメニュー提案を。
- おすすめメニューで得するセットにして販促する。
- 初夏に高まるヘルシー志向にアピールする販促を。
- 食事にも酒のつまみにもなるメニューで販促。

夏の販促

盛夏では、「祭り」演出で力強い集客を

6月の夏のボーナス期を経て、学校の夏休み時期になると、行楽や帰省など人の動きが慌ただしくなってきます。学校の夏休みの時期は、家族で「外食を楽しむ」ニーズの高まりが期待されます。そうした「夏らしい光景」をしっかりと商売へ結び付けるには、「待つ」だけでなく、店側から積極的な「仕掛け」をしていくことが欠かせません。

夏のお客の心をつかむために着目したいのが、「祭り」というキーワード。近年はどの

地域でも、昔ながらの「日本の祭り」を町おこしなどにつなげようとする動きが活発です。これが日本人のＤＮＡに訴えるだけでなく、海外からの観光客にとっても「日本文化」にふれる喜びとマッチするようです。

飲食店としても、こうした夏の風情の盛り上がりに乗らない手はないでしょう。商店街がしっかりしている地域であれば、すでに地元の夏祭りとのコラボレーション企画なども持ち上がっていると思われます。

たとえば、加盟店で使える共通商品券などを配布するといったパターンが多いようです。商店街の各店で店頭に屋台を出したり、観光局とのコラボで、地元の特産品を使った料理の提供や物販などを行なうといったやり方もみられます

こうした動きには、地域とのつながりを強める上でも進んで手を携えていきたいものです。そして、せっかく「波」に乗るのであれば、店独自であれこれと工夫を凝らしながら、とことん盛り上げるくらいの意気込みがほしいものです。町全体が盛り上がる中では、自分の店だけが中途半端になってしまうことが、かえってマイナスに働く恐れもあるからです。

来店客に参加してもらうイベントも

まずは、町全体の「祭り」の盛り上がりに店が埋没しないよう、店頭の飾りつけに普段以上の「ハレ」を意識したいです。昔は飲料メーカーなどから、夏用のちょうちんやハッピなどが数多く提供され、夏らしい店頭の飾りつけに活用することができました。近年は企業のコスト管理が厳しくなって、こうした例も少なくなってきましたが「ダメ元」で出入り業者などに打診してみたいものです。

もっとも最近は全国各地に「ドン・キホーテ」のような雑貨量販店が見られ、「祭り」をイメージした飾りつけや小道具が何でも安く入手できます。注意したいのは、店頭でのメニュー表示などが飾りつけに埋もれてしまっては本末転倒になることです。メニュー表記を祭りの飾りをする間は普段以上に大きな文字にするとか、照明をきちんと当てるなど、「店頭で目立たせるべき主役は何か」をきちんと守りたいです。

また、猛暑になれば、「かき氷」が売れます。実際にかき氷を売るだけでなく、この「かき氷」ののぼり自体が、懐かしい夜店の記憶を呼び覚ましますし、お客の足を止める効果は意外にまだ高いです。地域の祭りイベントなどに合わせ、店頭にクーラーボックスを置いて、そこに氷と缶ビールを入れて売りながら、かき氷のぼりとともに演出したいです。ここで付け加えるなら、夏真っ盛りの営業では、このような「涼しさ」を感じさせる演出も欠かせません。たとえば、いつもの同じ料理を提供するのでも、盛夏の時期だけ氷の器(最近はいろいろな型が売っているので簡単にできる)を使ったり、ドライアイスの煙を立たせるなどの演出のアイデアを工夫してみたいものです。祭りの時期だけは、多少「派手すぎるのでは」と思うくらいの「涼しい演出」が意外とマッチするものです。

さらに差別化を図るのであれば、「お客が参加できる演出」という方法があります。たとえば、七夕シーズンであれば、店頭に笹竹を立てる。そして、来店したお客に短冊を配って「願い事」を書いてもらい、それを笹竹に飾りつけるという演出です。同様の演出としては、お客に書いてもらった絵馬を飾るやり方もあります。

こうした参加型の演出というのは、お客にしてみれば「その店に自分の足跡を残してきた」という心理が生まれます。人間の心理として、「残した足跡はもう一度確認したい」、「自分の足跡を友達などの見せたい」という願望があります。つまり、再来店をうながすきっかけとなるわけです。

ボトルキープなどでも、「自分のボトルがあるから店に行く」というだけでなく、先の「自分の足跡の確認に戻る」という深層心理が働いている点も大きいといえます。

若い世代の場合、こうした「足跡」をスマホで撮影してＳＮＳにアップするというのもごく普通の習慣になっています。つまり、何かしら「足跡を残させる」イベントというのは、そのまま店の口コミを広げることにもつながるわけです。

また、飲食店で昔から見られるイベントとして、「特大盛りの完食」を記念してお客の顔写真とメッセージを店内に貼るというパターンが見られる。これも同様の効果が狙える演出といえる。こうした「特盛り完食」イベントなどが自店のイメージに合うかどうかは迷いがちですし、顔写真を店内に貼り出すのは個人情報にうるさいお客も今はいるので、「祭りシーズン」における期間限定イベントとして行なうことは考えられます。

「祭りの夜店」の演出で、懐かしさを

祭りの盛り上がりに乗るうえでは「店内イベント」にも工夫を凝らしたいです。飲食店で行なうイベントというと、くじ引きで食事券などが当たるといったパターンが多いようです。だが、「祭り」の勢いに乗るのであれば、「どんな景品が当たるか」というより「祭りらしい雰囲気」を前面に押し出す演出を考えたほうが成果があります。

たとえば、昔の夏の夜店でよく見られた「破りくじ」、アクションの大きいジャンケン大会などが考えられる。景品も、実用性よりは、先の「ドン・キホーテ」などで売っている「ネタモノ」的なものの方が盛り上がりは期待できます。冷静に見れば「くだらない」と一蹴されがちな景品でも、こと祭りシーズンなら、「くだらなさ」がお客の楽しさにつながります。

また、子供連れのお客が増える時期であれば、店頭で駄菓子やお面を売る、風船を配るなど、昔の夜店・夜祭の感覚を存分に活かした方法が浮かびます。親の世代には「懐かしさ」、子供の世代には「新鮮」に映る演出を実行するために5月、6月から練って準備しおくといいでしょう。

さらに、祭りの期間は、事前に「昼間の宴会」などの予約を積極的に受けることも考えたいです。たとえば、地域の祭りの世話役などの会合などに店を使ってもらう方法もあります。

その時間帯だけ店の片隅にカラオケ機器を設けて、地元の老人クラブなどのカラオケ大会などの利用をつかんでもいいだろう。祭り時のニーズをしっかりキャッチしておくことは、その後の固定ファンの拡大にもつなげやすいです。「祭りの盛り上がり」が去った後の営業戦略まで頭に描いておくことが重要になります。

夏の販促のポイント

- 夏らしい活気を販促でかもし出そう。
- 「家族で外食」の場面で喜ばれる販促を。
- 他店との共同する販促もいい。
- お客に参加してもらう販促を仕掛けよう。
- お客の写真を店内に貼り出すイベントも。
- 盛り上がる景品、盛り上がるくじでの販促を。
- 「昼間の宴会」を仕掛けるイベントも。

お客の"気分の変化"にマッチした販促・イベントこそ効果的!

7月　6月　5月　4月

季節の行事

ハロウィン、クリスマス、節分、バレンタインなど、多くの人が関心を示す行事や、子供の日、敬老の日などの対象のある祝日、アイスクリームの日、焼肉の日などの記念日に合わせた販促・イベントはテーマを絞りやすいです。毎年のことなので、定番化しやすいが、マンネリ化しないようにはしたいです。

食 材 の 旬

旬＝一番おいしい時期、旬＝今だけの味覚、旬＝新しい季節の到来、をアピールしたいです。少し早めに「旬の食材」をアピールし、お客の気分の変化を喚起するのも、販促・イベントの役割になります。

気候の変化

気候が変わり、服装が変わると気分は変わります。また、アイスクリームや冷たいものが食べたくなる時季、おでんや鍋が食べたくなる時季もあります。ただし、「冷たいものが食べたくなる時季」から準備し始めては、売れるタイミングが遅いです。季節の変わり目、梅雨の時期、秋雨の時期など、気候の変化の先を読んで販促・イベントに結び付けましょう。

生活人の動向

年度末と年度初めは、サラリーマンの歓送迎会が増える時期。小学校・中学校の夏休みの時期は、子供がいる家庭では、お母さんは昼食で頭を悩ませます。また、大型連休後は、サイフの紐が固くなる人が増えます。こうした生活の中の動向も、販促・イベントの内容に反映させたいものです。

秋の販促

秋からの固定ファン獲得に向けたメニュー戦略

夏の行楽シーズンが終わると、人々の消費動向が落ち着いてきます。飲食店にとっては、まさにここから勝負となります。秋からの時期に、「家計を節約したいが、あの店でこれだけは食べたい」というファン層をいかに獲得することができるか。これが、そのまま年の後半から年末と年始にかけての商売の成果を大きく左右するポイントとなります。

幸いなことに、秋になると魚介類や野菜などの旬の食材が一気に増えてきます。その旬の新鮮な食材を少量多種で取り揃え、「売り切れ御免」の日替わりメニューを前面に押し出すという売り方があります。お客としては、来店するたびに違った旬の味覚を味わうことができるわけで、「近々また来よう」という動機につなげやすいです。同じ店に何度も足を運ぶ動機づけができれば、それだけで固定ファンは作りやすいです。

ただし、こうした商売で注意しなければならないのは、旬の食材頼みだけになってしまうと、競合店との差別化が難しくなる点だ。たこ焼店の大衆的なイメージも守らなくてはなりません。

加えて、どうしても価格競争になりやすく、「売り切れ御免」でロスを少なくするとしても、大きな収益が期待しにくくなります。経営体力に乏しい中小店などは、特に厳しい状況に追い込まれかねないです。

となれば、旬の食材を取り揃えるのはいいとして、「固定ファンがつきやすくする」ための別の戦略を並行させることが必要です。とくに秋の時期は「節約志向」が高まるわけで、そのあたりをにらんでの「低価格で儲けも出しやすい」というメニュー開発が求められます。そのうえで、「何度も足を運びたくなる」という魅力も必要です。そうしたメニューづくりは、工夫すれば可能です。

安心感のある脇役シリーズを

近年、注目度が上がった料理の一つに「串揚げ」があります。ビール、ハイボールなどの発泡アルコールドリンクとの相性がいいので、特に夏場によく売れます。

この串揚げのメリットは、素材の工夫で、レパートリーを広げやすいということ。下処理などをきちんと行なえば、肉類、魚介類、野菜類問わず、しかも安い食材を活用することもできます。

お客にしてみれば、「一本が安く、何本食べたかで支払い金額も読みやすい」のが安心。節約志向の高まる現代では、サイフの中身を心配しないで通い続けることができます。串揚げはレパートリーも広いので飽きさせない点も強みです。これらが固定ファンをつかむ大きな威力となったわけです。

こうした利点を追求できるメニューは、串揚げの他にもあります。それが「おでん」や「小鍋」です。

「おでん」と言っても、既製の練り物を煮るだけでは、固定ファンをつかむ魅力は乏しいです。近年、コンビニ各社のおでんは人気商品です。コンビニ各社との差別化も考えれば、飲食店ならではの「技」を見せることが欠かせなくなってきました。

たとえば、業務用の「魚のすり身」を仕入れ、ここに店独自の具を詰め込めばオリジナルおでんは作れます。うずらの卵やソーセージを入れたり、ゴボウやニンジンを細かく刻んで混ぜ込む技法もあるでしょう。

また、「おでん」というとおでん鍋でじっくり煮込むのが定番ですが、白身魚や大根などを出汁で煮て、タレをかけて提供するというやり方もあります。正確には「おでん」という料理ジャンルには入らないかも知れないですが、「おでん風煮物」としてレパートリーに加えてもいいです。

ここでポイントになるのが、かけるタレです。醤油ダレ、味噌ダレの他、コチュジャンなどを使った辛めのタレなどいろいろな種類を揃えておけば、組み合わせがさらに広がります。缶詰のトマトソースをちょっと野菜と煮込んでニンニクとオレガノを加えれば、ピザ風味の洋風ソースという売り方もできます。

もちろん、このタレは定番のおでんにも活用できます。たとえば、先のコチュジャンタレなどを使えば、キムチ風の変わりおでんとして。ピザ風味のソースを使えば洋風おでんとして、他店にはない魅力を打ち出すことができます。

シリーズ化した脇役も店頭でアピールする

小鍋なども工夫次第で、オリジナル色の強いものを作り出すことが可能です。鍋というと、旬の魚介類が中心となりがちだが、どうしてもコストがかかりがちで「低価格で安心して注文できる」というメリットが乏しくなります。

もちろん、旬の魚介類も「日替わりの目玉小鍋」としてレパートリーに加えるのはいいです。だが、定番として用意するのは、リーズナブル、かつ店の独自性が出せるものにするのが大切です。

たとえば、先の「おでん風煮物」の白身魚を使い、ここに白菜の代わりにじゃがいも入れ、自家製のミートボールなどを加える。これをトマトスープで提供すれば、オリジナル色の強い洋風鍋として若いお客にアピールできます。キムチを使えば、同じ食材でも韓国風鍋というレパートリーになります。

こうした手頃な価格で楽しめる小鍋シリーズで脇を固めれば、季節感を出せます。「今日は財布の中身が寂しいけれど、あのたこ焼店なら気軽に小鍋が楽しめる」という安心感を打ち出せます。

おでんや小鍋以外にも、リーズナブルでレパートリーが多い「脇を固める」シリーズとして、小丼もあります。鉄板焼も、秋の食材を工夫すれば、20種類くらいのメニューを作ることはできます。

こうした「脇固め」のシリーズは、店の隠れた柱になるわけなので、「旬の売り切れ御免」シリーズと一緒に店頭できちんと告知したいです。たとえば、秋からの時期だけ、店頭に「本日のおでん（あるいは小鍋、鉄板焼き）」というコーナーを設け、その日に提供できる小鍋を札にしてかけるというやり方もあります。

秋の販促のポイント

- 夏の後の「節約志向」に訴える販促をする。
- 旬のメニューを出すだけでなく、「また行きたくなる」工夫を。
- 「タレが選べる」という売り方で既存のメニューを販促メニューにする。
- バリエーションを拡げやすい脇役メニューで販促を。
- 丼メニュー、小鍋メニューを販促メニューにする。
- シリーズ化したメニューは、その種類と手軽な値段を店頭でも伝える。
- 旬のメニューを「日替わりメニュー」で販促する。

冬前の販促

夏過ぎから準備を！
年末年始の宴会獲得作戦

夏も終わると、飲食業界全体がやや落ち込みの時期に入ってきます。だが、ここで右往左往するのでなく、この時期ならではの、やるべきことを見すえなければならないです。それは、夏の次の秋の行楽シーズンはもとより、そのあとに来る年末と年始の大口利用を獲得するための布石をしっかりと打つことです。

宴会などの大口利用を取る上では、柱となる料理の魅力をしっかり打ち出すことが基本となります。他店では食べられない魅力をきちんと打ち出して、大口利用につながる固定ファンをしっかりつかまえなくてはならない、その布石を打つのは、年末の直前ではなく、秋からのほうがいいのです。

まだ年末の宴会のことなどお客が考えないときから、「仮にこの店で宴会をやるとしたら楽しいだろう」という情報を、店頭・店内のPOP類、メニュー表などで示してお客の意識に訴えて行きたいです。アピールしたい内容は、宴会コースにはどんなものがあるのか、飲み放題メニューはどうなっているか、ゆったり宴会ができるスペースがあるのかどうかということです。。

プライベートや少人数で来店している間にも、お客はこうした情報に敏感になっています。それに訴える準備を整えることが、秋から必要です。

宴会コース設定の3つの基本

宴会コースの設定で大切なのは、一定の時間、多くのお客を相手にするので、お得感を出しつつ、確実に儲けが出せる構成にすることです。

ただし、「店の目玉」という意識が強すぎると、宴会コースのためだけに仕入れる食材を使ったり、他の食材より原価の高い料理ばかりを並べてしまうこともやりがちです。これは、一つ間違えると経営を大きく悪化させてしまいます。

といって、「他店と代わりばえしない」と思われれば、せっかくの宴会のお客を新しいファンにできません。まして、幹事役というのは、店の常連客であり、その人が店を推薦してくれたケースがよくあります。「代りばえしない」と思われることは、その幹事である常連客の顔に泥をぬることにもなります。これでは、年末と年始後の落ち込みを加速させかねません。

そこで、宴会コースの内容で、頭に入れておきたい基本が3つあります。1つは、あっさりしたもの、こってりしたものと、1つのコースの中で味覚のバランスをとっていくこと。若者が主客層となる店で「キムチ鍋」のような辛いものを入れるのであれば、やはりバランスをとって、甘めのスイーツに力を入れるといったバランス感覚が大事です。

2つめの基本は、儲けの出しやすい料理ほど「お得感」の演出に力を入れたい点です。最近のお客は消費感覚が鋭く、コース内にちょっとでも気をぬいた料理があると、「これは店が儲けを取るためのもの」と見抜いてしまいます。特に鍋料理などは具材次第で儲けが取りやすいが、鍋＝宴会主役と見るお客も多く、この鍋が「儲け役」の一品と映ってしまえば、コース全体の魅力を半減させかねないです。

安い食材で魅力を出すのであれば、第一にボリューム感、第二に手間ひまがかかっていることをアピールできる工夫が求められます。

「ボリューム感」であれば、うどん、中華麺などの麺類を上手に活用することがカギとなります。地粉うどん、全粒粉入りちぢれ麺などのように、多少の付加価値を高めても原価的には知れているので、工夫次第で差別化を図ることもできるでしょう。これを鍋の締めなどに活用するのです。

また、「手間ひま」を強調するのであれば、自家製つみれなどを仕込んでおきます。たとえば、白身魚のすり身や鶏のひき肉にゴボウやニンジンなどの根菜類を刻んで混ぜれば、歯ごたえがよくなって名物の一つとして格上げもできます。

常連のお客が宴会の幹事になるケースも多いことを考えれば、秋からこうした料理を「名物」として安く提供し、味の魅力を覚えてもらう方法もあるでしょう。

３つめの基本は、宴会コースは３種類設けること。たとえば、Ａ２０００円、Ｂ３０００円、Ｃ４０００円というコースがある場合、人間の心理として真ん中のＢを選択するケースが多いのです。このＢコースに、儲けがもっとも取りやすいラインナップを揃え、ＡコースとＣコースは原価を引き上げることによる値打ち感を出します。そうすると、全体的に宴会コースの値打ち感が高いような印象を与えることができ、実際にはＢコースの選択が増えるので儲けが出しやすくなるという仕組みになります。

飲み放題にもプレミア発想を

さて、宴会コースというと、昨今は時間制での「飲み放題」企画を取り入れる店が多いです。これ自体はお得感を出す上でいいのですが、ここでも「儲けを出そう」という感覚が強すぎて酒のラインナップの魅力が乏しくなると、競合店との間で価格競争になってしまいやすいです。

そこで、飲み放題にもちょっと値打ち感を出すという演出が大切です。たとえば、本来なら飲み放題に入れては儲けがとれないという日本酒やワインなども入れておきます。「ただし、このドリンクについては1人2杯まで」という限定でラインナップに含めるという方法があります。

特に中高年のお客など、「ちょっといい酒も飲みたい」という層が多い立地であれば、他店との差別化にもつなげやすい売り方です。店の客層などを把握しながら考えていきましょう。

次に、こうした宴会コースや飲み放題などの企画をどう告知するか。まずはメニュー表の中（たとえば、料理とドリンクの間など一般のお客の目がふれやすいページ）での告知をします。いつも来店するお客がこれを目にした場合、最初は読み飛ばしてしまうかもしれないですが、何度か来店しているうちに「刷り込み」が生じたりします。

そして、宴会シーズンが近づいて仲間内で店探しの話題が出たとき、その刷り込まれた記憶がよみがえることで、「そういえば」という具合に宴会場所の候補としてあげてもらうことが可能になります。

一つ問題になるのが、いつも足を運んでいるお客でも、「あの店にゆったりと宴会ができるスペースはあっただろうか」と思い出せず、迷う点です。いつも2人か3人で来店しているお客の場合、意外と自分の席の周辺にしか意識が行かずに店全体のことを気にしていないことが多いものです。

昨今はネット上で情報告知をする場合、店内の座席写真などを掲載することも多いですが、改めてメニュー表にも店内写真を載せたり、店頭にも店内写真を出しておくことが望まれます。特に掘ごたつ席というのは、畳に座ることが苦手な若い人にとって、店が思う以上に大きな魅力になるのでしっかり打ち出したいです。

もう一つ、宴会受付の告知を行なう場合に考えておきたいのは、幹事役となる人に「得をしてもらう」ための特典です。たとえば、幹事役となる人が会計をする場合、レジで次回使える金券などを渡します。

幹事を引き受ける人というのは、その店の常連客である場合が多いものです。その人に「いい思い」をしてもらえば、これからも継続して店を利用してもらうことができます。そして、次の時期（春先などの）宴会利用にもつなげるという、中長期にわたる好循環に結び付けることができます。

なお、最近、宴会予約で問題になっているのが、お客側（特に若いお客）が掛け持ち予約をして、平然と一方を当日キャンセルとするケース。通知なしのキャンセルもあると聞きます。非常識きわまりないですが、学生街など地域密着型の店舗では、キャンセル料などを請求しにくいという店も多いそうだ。だが、放っておけば、くせになることは間違いない。せめて金曜、土曜、日曜、祝日前だけは「既定のキャンセル料を取る」という規約をきちんと示しておくことが必要でしょう。

冬前の販促のポイント

●冬前に、年末と年始のための販促のタネをまく。

●常連客に訴える宴会メニューにする。

●常連客が利用したくなる「普段のメニューと違う」宴会メニューに。

●値段で選べるように宴会コースを用意する。

●飽きさせないコースの組み立て方でリピーターを狙う。

●プレミア感をプラスして「飲み放題」を販促に。

●メニュー表にも客席写真をのせて、宴会のできる店を冬前からアピールする。

●幹事役に得してもらうシステムで、リピーターを増やす。

年末の販促

正月の後も見据えた、年末と年始の集客作戦を

11月も中頃を過ぎると、年末の繁忙期を意識するようになります。ここで大切になるのは、「目前の売上げ確保」もさることながら、年明け（具体的には1月の連休明けの10日前後より）の落ち込み期をにらんだ仕掛けを同時に考えていくことです。

具体的には、年末に来店したお客に対し、年明けから使える販促物（割引券など）を配布する販促です。年末という繁忙期であれば店で割引券を受け取る人がそれだけ多くなり

ます。その割引券を1月10日以降の「落ち込み」の時期に使ってもらうことで、「落ち込み」を底上げするのにつながります。

割引券・サービス券というと、「店がヒマになってから慌てて外で配布する」というケースが見られますが、これは逆効果となりやすいのです。確かに割引券を街頭で配布したり、スマホなどを通じた告知などを行なえば、それなりに受け取ったりダウンロードする人もいるでしょう。

だが、正月気分も消えた街中で割引券を受け取っても、お客側から見れば「苦し紛れでやっている」という受け止め方が強くなります。つまり、「流行っていない店＝魅力の乏しい店」という印象を与えてしまう危険があるわけです。

では、繁忙期に仕掛ける販促について、その効果を一段アップさせるためのさまざまなやり方を紹介しましょう。

特別なメニューをサービス対象に

配る割引券やサービス券の基本は、言うまでもなく「もらってうれしい」とお客に思わせることです。同じ割引券やサービス券などでも、「どの料理やドリンクを対象にするか」によって「もらってうれしい」の度合いは変わってきます。

たとえば、お酒を出す店なら「生ビール一杯無料」よりも「ボトル1本サービス」とやれば、お客はよりうれしいことは間違いないでしょう。すべての来店客にこのサービスを適用するのは非効率だが、年末と年始ならではの「ジャンケンゲーム」や「くじ引き」などの商品の「特賞」にすれば、うれしさをさらに盛り上げる演出となります。

問題なのは、本当に「ボトル一本にかかるコスト」を回収する効果が上げられるかどうかにあります。景気の良かった頃は、ボトルをキープしていれば、多人数で来店したり、来店頻度を上げるという効果が期待できました。つまり、「ボトル一本」というコストはかかるものの、それを上回る売上げを後に期待することもできました。

ところが、最近はボトルが一本入っていると、大して料理も注文せずに長時間居座るお客も目立ちます。「ビール一杯無料」のサービス券を配っても、そのビール1杯で長時間ねばる人もいます。（最近の傾向として、スマホ販促を活用するお客に特に多い）つまり、コストがかかる分だけボトル1本サービスの効率の悪さが際立ってきました。対処法として、「来店ごとに料理を何品注目してもらう」といったルール設定も必要だが、倹約志向が強いと「それなら使わない」となる恐れもあります。

むしろ、「うれしさ」を演出しつつ、「儲けを確実に出す」ことを両立させるのなら、「裏メニューサービス」という方法があります。つまり、配布するサービス券を出した人だけに出す「特別メニュー」を提供するのです。ただし、このために「本当に特別な食材」を用意すれば、当然ながらコスト増となります。店で通常出している食材を使いつつ、特別感・お得感を出すには、たとえば「地魚3点盛り」とか「揚げ物ぜいたく盛り」といった具合に、盛り合わせという方法が有効でしょう。

盛り合わせメニューをサービス品とすると、「誰かを誘っての来店」が期待できます。その同伴したお客をまたファンにすることができれば、新規のお客拡大にもつながります。

また、店の客層や客席構造によっては、1回につきサービス券を複数枚渡す方法もあります。たとえば、学生などの若いお客の場合、「カップルでの来店はハードルが高いが、3、4人のグループなら誘いやすい」という心理もある。4人席中心の店では、2人よりも3、4人での来店の方が当然客席効率は上がります。先のサービス券を2枚渡して「盛り合わせを2セット」で注文できる状況を作れば、前述のような利用も誘いやすくなるだろう。

スタンプカードをより効果的に

最近は、再びスタンプカードやポイントカードを取り入れる飲食店が増えてきました。これを繁忙期の直前に配布することで、落ち込み期に入っても「スタンプをためる」+「ポイントのたまったカードを使う」というダブルの誘客効果があります。つまり、それだけ販促効果を長く維持することができます。

このスタンプカードにも、効果を上げるためのやり方があります。注意したいのは、「カード1枚全部にスタンプをためてから何かをサービスする」というやり方だと、途中で飽きる心理が生じやすいことです。

そこで、カード1枚に3つのステップを設け、最初のステップに到達したらA賞、次のステップまで到達したらB賞、カードの最後まで到達したらC賞という具合に、到達点に応じた賞品ランクを設けておきます。これなら、「最初のステップまでなら到達しやすい」という具合に心理的なハードルが下がります。

「これだと皆、A賞で止まってしまうのでは」と思われがちだが、実はそうでもないのです。人間の心理とは面白いもので、A賞まで到達したら「どうせならB賞まで」、B賞に到達したら「せっかくだからC賞まで使うのを我慢しよう」となりやすいものです。いわばお客の「上を目指したい」という心理を活用するわけです。

なお、付け加えて、サービス券やスタンプの偽造についても触れておきます。今は、ほとんどの家にパソコンやプリンター、スキャナーがあります。それを使って、昔では信じられない「サービス券、割引券の偽造」という犯罪行為も出てきています。たかが飲食店の販促物で…思いがちだが、犯行におよぶ側は半分ゲーム感覚のようです。この被害を防ぐには、販促物には必ず店の印判と店長印をダブルで押し、回収の際に印が本物かどうかをしっかり確認したいです。

また、さまざまな販促物も、渡し方一つでお客の反応が変わることもあります。繁忙期では、慣れないアルバイトなどを増員し、しかも忙しさの中で「販促物を渡すのは面倒な仕事」と考えてしまうことがあります。この点に注意しないと、せっかく配布しても、その接客係の態度の軽々しさから「渡した従業員の態度が気に食わない」となり、使われずじまいとなりかねないのです。

そこで、その販促物がいかにその後の商売に大切なのか、もっと言えば「従業員自らの手当にも跳ね返ってくる」ことをきちんと事前に伝えることが必要です。そのうえで、配布に際してのトークなどをしっかりと教育するようにしたいものです。

年末の販促のポイント

- 1月10日以降の集客を狙った販促を年末前から仕掛ける。
- 正月過ぎに使用できるサービス券を年末に配る。
- 豪華な景品より、友達を連れてきたくなる販促の景品に。
- 「盛り合わせ」でお得な販促メニューを打ち出そう。
- 途中で得するスタンプカードで、長く参加してもらう。
- スタンプカードは、渡すときの盛り上がりも販促。
- スタンプカード、割引券の偽造防止対策も。

販促・イベントの成果を上げるポイントは、「計画的な準備」。

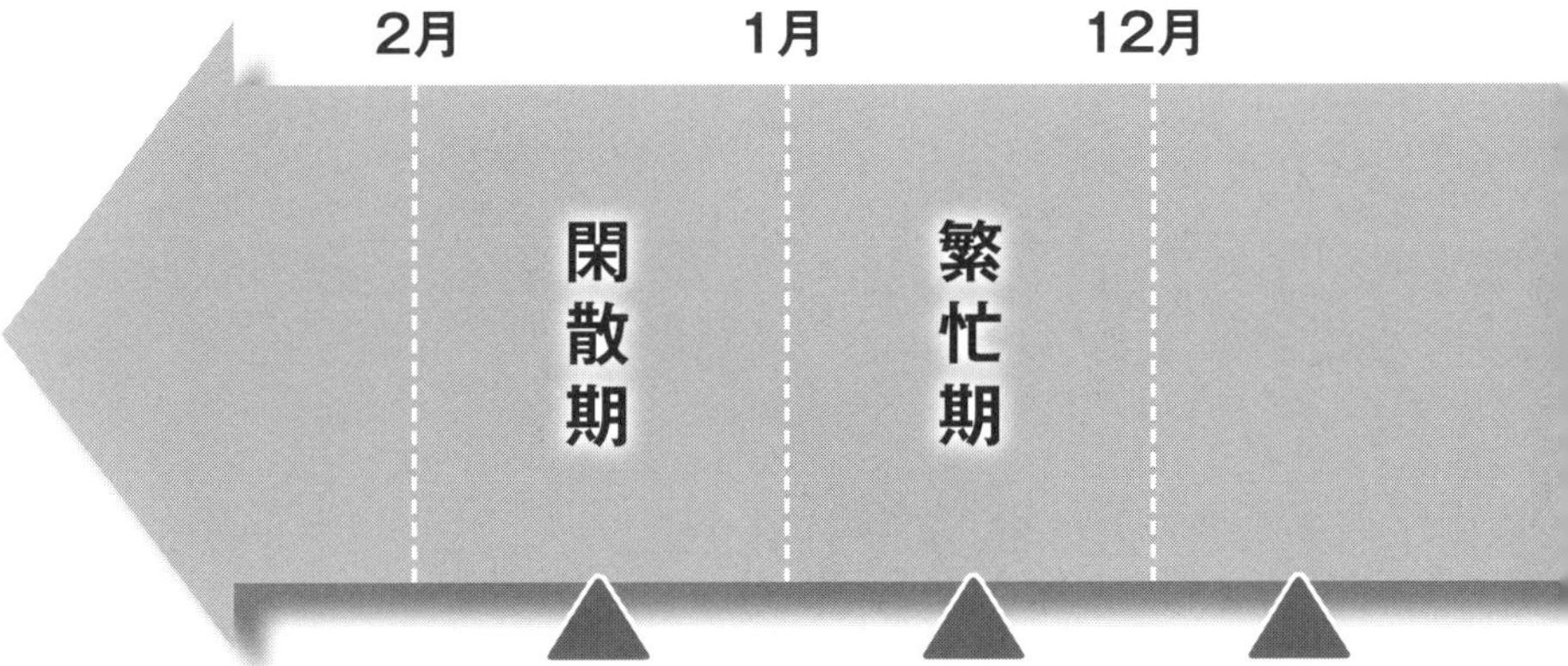

繁忙期は、営業中の対応でいっぱいいっぱいになり、「準備」をする余裕がなくなります。だから、繁忙期の前は、販促・イベントに必要なものを作成したり、宣伝の準備をしておく期間に当てたいです。

繁忙期は、客数が増える分、クレームや問題も発生しやすい時期です。繁忙期は、そのことをスタッフで共有して働くとともに、「繁忙期の次」の時期のための販促・イベントを実施します。このことでより繁忙期は忙しくなりますが、これが飲食店経営では大切であることをスタッフ皆で理解したいです。

「ヒマな時期だから、販促・イベントをやろう」と、閑散期に考えていては、遅すぎます。チラシ、サービス券、ポイントカードを配って、すぐ反応・成果が上がるものは、ほとんどありません。販促・イベントを実施する期間を設けるのも大切です。繁忙期・閑散期を考えた上で、年間の販促・イベントの計画と、合わせて、その準備スケジュールも組み立てておきましょう。

宴会シーズンの対策1

対策は万全か？
お客の忘れ物や貴重品の盗難

年末や年始の繁忙期、宴会シーズンでは、お客の飲酒量も増えるでしょう。そうした中で生じやすいトラブルといえば、忘れ物や落とし物、また、客席での貴重品等の紛失（盗難）といった問題もあります。いずれも、店としての対処法を少しでも間違えると、重大な責任問題に発展しかねない問題です。

これらを防ぐにはどうしたらいいか、また、起こってしまった場合の対処をどうすればいいか。この2点について、「店としての対応ルール」を改めて整えておくことが大切です。

忘れ物・落とし物は記録が重要

忘れ物・落とし物を「防ぐ」ための対策から。基本は、声かけと客席チェックに尽きます。まず、お客の帰り際に「お忘れ物はございませんか」の一言を必ずかけること。ただし、これを出口で告げても、お客側はもう店の外に意識が行ってしまい、改めて確認をうながす効果としてはやや弱いものです。

そこで、お客が席を立ち、出口に向かうタイミングで声かけをするようにしたいのです。その時、「ありがとうございました。料理のお味はいかがでしたか？」という具合に、お客とちょっとやりとりする「間」を設けると、お客側も一瞬店内に気が向きます。このタイミングで「お忘れ物はございませんか？」の一言を告げると確認してもらいやすくなります。

次に、お客が店を出た後で時間を置かずに席の片づけにかかること。ここで片づけ前にテーブルの上と下、座席上のチェックをまず行ないます。店内が慌ただしくて片づけの時間がすぐに取れない場合でも、テーブルの上と下、座席の上の「チェック」だけはすぐに行なうようにしたいです。ここで忘れ物を発見できれば、店を出たばかりのお客を追いかけて手渡しできます。

仮にその場で手渡せなかった場合は、日付、時間、場所（テーブル番号など）、お客の代表者名などが分かっていたらその氏名、品目を記したメモを添付して「忘れ物・落とし物」専用の場所に保管します。あるいは、専用の袋などを用意して、そこに記しておく方法もあります。

そして、先のメモに記した項目は、あらかじめ用意した「忘れ物・落とし物」専用ノートにも記しておきたいです。忘れ物に気づいたお客は大抵すぐに店に電話などをしてきますが、たとえ従業員のシフトなどが変わっていても、このノートで申し送りがされていればスムーズな対応が可能になります。

後日、お客が取りに来た場合の「手渡し」ルールも整えておきたいです。繁忙期で店内が慌ただしいと、手渡しするだけという光景も見られますが、これは大変危険です。

繁忙期になると、似たような忘れ物（同じデザインのスマホや柄が似ている小銭入れなど）が偶然に重なってしまうことも起こりうるのです。もし間違って渡してしまい、その後で本当の所持者が取りに来たとすれば、大変な問題となります。

そこで、所持者が来店した場合には、必ず以下4点のルールを徹底したいです。
①忘れ物の品目と来店日・時間、客席の場所を本人に申告してもらう。
②その申告に基づいて「忘れ物・落とし物」ノートと照らす。
③実物を確認してもらったうえで、ノートにサインを（できれば電話番号記入も）してもらう。
④受け渡しが完了したら、その旨を必ず店長や管理者に報告する。
なお、持ち主が現れないということも想定しておこう。この場合、あらかじめ「1ヶ月」程度の保管期限を定め、その後は最寄りの警察の遺失物係へと受け渡します。

その上で、やはり先のノートに記録を残して、管理状況を現場で共有します。警察に届けた後に当事者のお客から連絡があった場合には、「警察の遺失物係に届けた」という旨とともに、警察内の担当連絡先などを伝えるという流れをとります。

ところで、迷いやすいのがビニール傘やタバコ、使い捨てライターなど「お客があきらめてしまいがちなもの」だ。これらも一定期間店で管理はするものの、その後はさすがに「処分する」ケースが多いです。とはいえ、その後に当事者から問い合わせが絶対にないとは限らないです。その場合も先のノートに記しておけば、「店から弁償する」といった対応もとりやすくなります。

盗難防止に有効な荷物置き場を

次に盗難対策について。店としては、繁忙期ではお客に注意をうながしたいところだが、これはなかなか難しいです。たとえば、「貴重品には注意してください」と店内に張り紙などをすれば、「この店はそんなに物騒なのか」と思われて、次回からの利用を敬遠されるリスクも生じます。

対策としては、店内のどこからでも目がつきやすい位置に「荷物置き場」を設けること（私の直営店では、客席頭上に荷物置き用の網棚を設けている）を考えたいです。

窃盗を企てる者にとって都合がいいのは、①従業員などからの死角になること（あるいは、「見られている」という意識が生じないこと）、②物を盗むのに大きな動作が必要にならないこと、③ターゲットが気づきにくいことです。

この点で、お客の陰にならない高い位置というのは有効です。網棚などを設けるスペースがない場合は、カゴなどを渡してそこにカバンなどを入れてもらい、足元で保管してもらう方法もあります。この場合、死角にはなってしまうが、先の②、③は防ぐことができます。

一番危ないのは、貴重品を入れたままの上着やバッグなどを椅子の背もたれにかけることです。壁のハンガーなども、カウンターなどに座ったお客が壁に背を向け、その隙間に他のお客が行き来するという環境だと「危ない条件」となりやすいです。特に冬場になってコート類の着用が増えてくると狙われやすいので、注意が必要です。

ちなみに、コート着用シーズンになると、「店で預かる」というケースも増えます。注意したいのは、このサービスはあくまで「客席の周囲にハンガーなどがない」あるいは「ハンガーがあっても汚れるリスクがある」という不都合への対処であることです。つまり、コートは預かっても、そのときに「貴重品はポケットに入ってないですね」と、貴重品は必ずお客の手元に置いてもらうようにすることを忘れてはならないです。

防犯という観点で貴重品まで一緒に預かってしまうと、盗難は防げても紛失などのリスクは残るわけで、店側が負う管理責任がとてつもなく大きくなってしまいます。特に年末と年始でアルバイトなどが対応するケースが増えることも想定すれば、とても現場の手には負えないことを肝に銘じておきたいです。

仮にコート類を預かる場合には、必ず番号札などを渡して、返却時に照合する。加えて「こちらでよろしいですか」と告げて、必ず本人に確認してもらうようにする。このあたりも、事前にきちんとマニュアル化しておくことが必要です。

お客の忘れ物対応ポイント

- 「お忘れ物はございませんか」の声がけを接客の一部にする。
- すぐに片付けながら、テーブルの上と下、座席の上と下を一貫チェックするのをホールの仕事の一部に。
- 忘れ物を記載する専用ノートを作って、全員が知っている場所に置く。
- 忘れ物を渡すときのルール、手順、確認事項を全員で共有する。
- ビニール傘、使い捨てライター、残ったタバコについても、保管期間のルールを決め、それに準じて処分する。

店内での盗難防止ポイント

- 荷物置きは、どこからも目立つところに設置する。
- コートかけは、どこからも目立つ場所に設置する。
- 荷物は席の下のカゴに入れてもらう。
- 背広、上着はイスの背もたれにかけてもらわない。
- コートは預かっても、渡すまでのマニュアルを作っておく。
- コートは預かっても、「貴重品はお持ちください」と必ず確認する。
- コートを預かる場合は、番号札を必ず渡す。

宴会シーズンの対策2

冬場に大問題となりがちな「トイレ」対策を考える

年末と年始の慌ただしい中、意識的に注意喚起したいのが「店のトイレ」の問題もあります。

宴会シーズンということもあって「トイレ汚れ」が増える点に加え、昨今、冬場はノロウイルスが猛威をふるう時期でもあります。厨房や食材の衛生管理にどんなに配慮していても、トイレで排出されたノロウイルスが厨房・ホール側に侵入すれば、たちまち食中毒リスクが高まってしまいます。最悪の場合、営業停止などにつながりかねないです。

また、冬になるとヒートショック（温かい場所から急に冷気にさらされることにより、心臓や血管にダメージが加わって具合が悪くなるといった状況）のリスクも高まります。このヒートショックが起こりやすい場所の一つが「トイレ」であり、ひとたびお客が店のトイレで倒れたりすれば、これも営業上大きなダメージとなってしまいます。

以上のリスクを考えたとき、店のトイレについて、衛生面であれば掃除の徹底。そして、ヒートショック対策ならトイレ内の室温確認といったオペレーション、また、トイレ自体の構造や備品上の問題にも着目したいです。

確かに「トイレの構造」となってしまうと、対応にコストや時間がかかる部分もあります。だが、1月、2月は寒い気候が続くこと（また、ノロウイルスの感染は2月がピークといった状況など）を考えれば、可能な部分から早めに手を打っていくことも大切になります。

保健所はどんな点をチェック?

トイレの衛生管理ですが、営業許可にかかる保健所のチェックが当然必要となります。問題なのは、許可証の有効期間中にチェック基準が厳しくなっている部分もあることです。この部分をしっかり確認しないと、営業許可の更新ができなくなる可能性も出てきます。たとえば、あらゆる保健所の指導で共通して厳しくなっているのが、トイレの手洗いに際しての「手拭き」。今でこそ、使い捨てのペーパータオルや引き出し式のロールタオルの設置は常識だが、このあたりの指導が厳しくなる以前から営業を開始している店の中には、いまだに「布タオル」をかけただけという光景も見られます。これでは、手洗い場のタオル自体が感染源となる可能性も高くなります。

また、保健所によっては、手洗い用のハンドソープや消毒液などの「構造」を問題にするケースもあります。具体的には、「容器が固定されておらず、上から押して液を出す」ものは、「容器を持ったり、ポンプを押した手で汚れをつけてしまう」という理由でNG

が出されることもあります。この場合、「備え付けで、下から押し上げて液を出す」スタイルへの交換が求められるわけです。

さらに、小規模店などでは、トイレ前の手洗い場とホールとの間を「のれん」だけで仕切っているケースが見られます。これも保健所によってはＮＧで、手洗い場にもドアを設置するよう指導が入ることもあります。和式から洋式への変更指導もそうだが、少なからぬコストがかかる点に注意したいです。

ちなみに、和式から洋式への変更という保健所指導はスタンダードになりつつありますが、実は「洋式だから衛生」という油断はかえってリスクを増やす点にも注意したいです。洋式というのは、和式に比べて「便器の下の部分」が死角となりやすく、清掃が中途半端になると菌のたまり場になってしまいます。

理想としては、洋式でも床（および壁の下部分）はコンクリートにタイル張り、そして床に排水溝をつけた上で、洗浄後に水で一気に流せる構造が望ましいです。これなら洗浄後の拭き取りを省力化できるので、「掃除時の手抜き」を生じさせるリスクは低くなります。

飲食店ならではの掃除の方法を

現場におけるトイレ掃除は、必ずゴム手袋（使い捨てのものでも構わない）を着用し、タワシ（昔ながらのものがおすすめ）を手に持って、業務用のトイレ除菌洗浄剤で丹念に行なうこと。デッキブラシで表面だけこするような掃除では、完全な除菌はできません。腰をかがめ、便器をのぞき込むようにしながら行なうのが基本です。

水洗時のレバーやドアの把手など、トイレを利用する人の手がさわる部分もきちんと除菌をします。

掃除が終わったら、ゴム手袋とブラシを消毒します。これが不十分だと、せっかく掃除しても用具から菌をばらまくことになります。これらの備品をビニール袋に包んだうえでバケツに入れ、トイレ内の専用スペースに収納します。

用具を収納したら、洗面所で手洗いを丹念に行ないます。手のひらだけさっと洗っておしまいは論外で、手の甲や手首までしっかり洗うようマニュアルで指導したいです。その後、「トイレ掃除を行なった時間と担当者名」をノートに記録します。

トイレ掃除の頻度は、お客が頻繁に利用するようになる時間帯には、1時間に1回は行ないたいものです。店が忙しくなる時間帯ほど掃除頻度を高める必要があるという点で、確かに現場には負担となります。だからこそ、「トイレ掃除は店にとってもっとも重要な仕事の一つ」という意識を徹底させることが必要でしょう。経営者自らが率先してトイレ掃除を行ない、新人の従業員などにそれを見せながら「いかに重要か」を意識させることも大切なことです。トイレ掃除の当番に「担当札」などを渡して、「あなたに任せた」という意識を強く打ち出す演出なども考えたいです。

個室の室温にも十分な配慮を

次に、トイレにおけるヒートショック対策だが、まずは「客観的にトイレ内の室温がどうなっているか」を把握したいです。飲食店の場合、ホールは十分に暖房がきいている上、厨房は調理熱でさらに温度が上がっていることが多いです。そうした環境下では、つい「トイレの室温」には無頓着になりがちです。

そこで、店内の暖房をきかせた上で、まずトイレ内の室温を計ります。寒気の厳しい地域では、時としてホール側の気温と7～8℃の差が生じている場合もあります。ヒートショックをもたらす温度差には諸説ありますが、いずれにせよ差が10℃近くになれば危険信号と言えます。「この室温差は危ない」という認識をまず高めておくことが必要です。

対策としては、まずトイレにもエアコンをつけること。ただし、スペース的に設置は「手洗い場だけ」となりがちで、用を足す個室内でまた温度差が生じやすいです。

これを防ぐには、個室のドアを密閉型にせず、暖気が流れやすい上の部分に少しだけ隙間を作っておくことが望ましいです。トイレにはもともと排気用の換気扇があるはずで、それを作動させておけば「手洗い場」の暖気が「個室」にもスムーズに流れることになります。

便座の冷たさも問題で、温熱便座の設置も課題となりますが、高齢者の場合「低温やけど」のリスクも生じやすいです。たとえば、業務用の使い捨て便座シートを備えておけば、ものによっては「冷たさ」をカバーすることができます。

冬場のトイレ対策ポイント

- 冬場は、トイレの温度もチェックするように。
- 客席とトイレの室温に10度C以上の差がある場合は要注意。
- トイレの室温が寒くなり過ぎないような暖気、ヒーター対策も。
- 保健所の許可がおりるトイレの手洗い場になっているか、確認。
- トイレの掃除する部分、便器の掃除する部分のチェック表を作ろう。
- 手洗いする場所、水を流すところ、トイレ掃除のやり方を共有する。
- 忙しい時間帯ほど、トイレ掃除の頻度を高める体制にする。

たこ焼を“軸”にした
商売で着実に儲けよう!

著者紹介

森久保　成正

Narimasa Morikubo

昭和28年神奈川県生まれ。

フランス料理を修業し、昭和48年からフランス料理店、イタリア料理店の経営にかかわる(大阪の(株)かめい・あんじゅチェーン)。昭和52年にお好き焼店『千房』の専務取締役に就き、その後12年間、20店舗までの開発企画、人材育成、経営全般の指導に当る。昭和63年、飲食店経営コンサルタントとして独立。平成2年、株式会社たこ八の取締役に就任。

平成3年、株式会社グルメジャパン研究所設立。代表取締役に就任。飲食店経営総合コンサルタント、業態変更、新規出店プロデュース、経営建て直し、人材教育、開店指導など、顧問コンサルタント実績は500十数店舗にのぼる。

森久保ブランドのお好み焼・たこ焼・いか焼の各ミックス粉・特製ソース・特製たれを導入している森久保グループ店舗を320店舗以上にも拡大中。自らも大阪ミナミの大激戦区でお好み焼・鉄板焼の店『くいしんぼ本店』を経営し、大繁盛を維持し、独立開業希望者の実地研修道場としても役立てている。

著書に、「お好み焼　たこ焼　いか焼　鉄板焼の教科書」、「森久保式　威力の飲食店繁盛法」、「飲食店の儲け方まるわかり読本」、「最新鉄板焼の人気料理」(以上、旭屋出版刊)、「誰も教えてくれない飲食店の儲けの鉄則集」(ぱる出版)ほか、多数ある。

株式会社グルメジャパン研究所　http://www.gurumejapan-k.co.jp

たこ焼繁盛法

発行日　2017年3月30日　初版発行

著　者　森久保　成正　Narimasa Morikubo

発行者　早嶋　茂
制作者　永瀬正人
発行所　株式会社旭屋出版
東京都港区赤坂1-7-19キャピタル赤坂ビル8階　〒107－0052
電　話 03－3560－9065（販売）
03－3560－9066（編集）
FAX　03－3560－9071（販売）

旭屋出版ホームページ　http://www.asahiya-jp.com
郵便振替　00150－1－19572

編　集　井上久尚

デザイン　株式会社スタジオゲット

印刷・製本　シナノ パブリッシングプレス

ISBN978-4-7511-1264-9　C2077